Die ungehörten Stimmen der Kinder

collana dell'ascolto che non c'è

D1720088

BELTZ

Herausgeber / *Curatrici dell'edizione*
Marina Castagnetti, Vea Vecchi

Übersetzung / *Traduzione*
Miriam Houtermans

Grafische Gestaltung / *Progetto grafico*
Rolando Baldini,Vania Vecchi

Textgestaltung / *Impaginazione*
Isabella Meninno

Pädagogische Beratung für die Publikation /
Consulenza pedagogica per l'edizione
Carla Rinaldi

Ihre Wünsche, Kritiken, Fragen richten Sie bitte an:
Verlagsgruppe Beltz
Fachverlag Soziale Arbeit, Erziehung und Pflege
Pestalozzistr. 5-8
13187 Berlin
E-Mail:e.grueber@beltz.de

Schuh und Meter Herausgegeben von:
Scarpa e metro edito da:
REGGIO CHILDREN S.r.l.
Via Guido da Castello, 12 – 42100 Reggio Emilia – Italia
Tel. 0039-0522-455416 – Fax 0039-0522-455621
Cod. Fisc. e P.IVA 01586410357 – Cap. Soc. £. 400.000.000
Iscrizione Tribunale di Reggio Emilia n° 24403 – Iscrizione CCIAA n° 197516

© 2002 by Beltz Verlag Weinheim, Berlin, Basel
Druck: Gutenberg Druckerei, Weimar
Printed in Germany, September
ISBN 3-407-56201-2

REGGIO CHILDREN

Centro internazionale per la difesa e lo sviluppo
dei diritti e delle potenzialità dei bambini e delle bambine
*International center for the defence and promotion
of the rights and potential of all children*

Comune di Reggio Emilia
in collaborazione con
Ministero della Pubblica Istruzione
*Municipality of Reggio Emilia
in collaboration with
the Italian Ministry of Education*

Kommunale Krippen und Kindergärten von Reggio Emilia
Nidi e Scuole Comunali dell'Infanzia di Reggio Emilia

Schuh und Meter
Scarpa e metro

Wie Kinder im Kindergarten lernen

Die Kinder und das Maß
Eine erste Annäherung an die Entdeckung, die Funktion und den Gebrauch des Maßes

I bambini e la misura
Primi approcci alla scoperta, alla funzione, all'uso della misura

Protagonisten – *Protagonisti*
fünf- und sechsjährige Kinder
der Einrichtung Diana
bambine e bambini
fra i 5 e i 6 anni
della scuola Diana

Koordinierende Erzieherinnen des Projekts
Insegnanti coordinatrici del progetto
Marina Castagnetti
Vea Vecchi

Fotos
Fotografie
Vea Vecchi

Pädagogische Beratung
Consulenza pedagogica
Loris Malaguzzi

Zeichnungen:
fünf- bis sechsjährige Mädchen und Jungen
autori dei disegni
bambine e bambini dai 5 ai 6 anni

Inhalt
Sommario

Vorbemerkung

Der Einführungstext »Schuh und Meter« und die Projekt-
und Bildkommentare wurden aus Texten von Loris
Malaguzzi und aus Gesprächsaufnahmen mit ihm
zusammengestellt.
Malaguzzi traf oft mit den Erzieherinnen zusammen, um
gemeinsam mit ihnen das dokumentierte Material zu
diskutieren und zu interpretieren. Es waren wertvolle
Begegnungen. Es war nicht leicht, die Texte neu zu
schreiben. Wir haben versucht, so wenig wie möglich
einzugreifen und Rhythmus und Erzählstil des Autors
möglichst beizubehalten.

Nota preliminare

*L'introduzione e gli scritti a commento delle immagini
fotografiche sono stati redatti dalle curatrici attingendo a
documenti e registrazioni audio di Loris Malaguzzi,
realizzando così un testo integrato.*
*Malaguzzi era solito incontrare gli insegnanti discutendo
e interpretando insieme a loro il materiale documentato.
Incontri preziosi.*
*La delicata operazione di riscrittura dei testi si è realizzata
cercando di intervenire il meno possibile, con grande
attenzione e rispetto al ritmo e allo stile narrativo dell'autore.*

Gehirne tauschen Ideen aus
Cervelli che si scambiano le idee

Die Unsichtbarkeit des Wesentlichen

Den Kindern das Wort zu erteilen war von Anfang an das kühne Vorhaben der Reihe »Die ungehörten Stimmen der Kinder«. Die Spuren, die vom Leben und den Gedanken der Kinder zeugen, lassen sich jedoch nicht immer allein durch Worte erschließen; Bilder, Zeichnungen, Notizen und vor allem Geschichten und Erzählungen werden darüber hinaus gebraucht.

»Schuh und Meter« lädt uns ein, die Geschichte von fünfjährigen Kindern zu hören, die versuchen, Maßen und Zahlen Sinn und Form zu geben. Es ist eine faszinierende Geschichte, die uns zeigt, wie Recht Bacon hatte, als er vor einigen Jahrhunderten sagte: »Wenn Kopf und Hand getrennt voneinander vorgehen, bringen sie nichts zustande; das Gegenteil ist der Fall, wenn sie gemeinsam vorgehen; noch mehr erreichen sie, wenn Kopf und Hand gemeinsam mit einem Werkzeug arbeiten.«

Bacon erinnert uns an die mäeutische Kraft der Werkzeuge, die nicht vergessen werden sollten, weil auch der Umgang mit ihnen neue Ideen weckt und Gedanken hervorruft. Das kreative Potenzial von Objekten und Gegenständen zu erfassen – die Geschichte von »Schuh und Meter« ist ein Beweis dafür – ist daher immer ein Schritt zur Weisheit. Das Mögliche zu denken ist auch für Kinder schon gleich bedeutend mit dem Erfinden, Entdecken und Planen. Wir müssen uns jedoch darüber klar sein, dass wir mit dieser Sicht der Dinge den uns vertrauten, traditionellen entwicklungspsychologischen Ansatz der Wissensaneignung verlassen, der darauf beruht, dass Erwachsene den Kindern Wissen und Inhalte über geeignete Kanäle vermitteln.

Der interaktiv-konstruktivistische Ansatz verändert diese Auffassung, dreht die Idee um und schlägt vor, den Kindern nichts beizubringen, was sie allein entdecken können. Bei diesem Ansatz besteht die Rolle des Erwachsenen vor allem im indirekten Eingreifen, im Anbieten von Zusammenhängen und der Bereicherung der Lernsituation. Die Erzieher helfen den Kindern, Herr ihres eigenen Lernprozesses zu sein. Von dieser Erfahrung zeugt und erzählt der vorliegende Band.

Darüber hinaus erfüllt die Veröffentlichung dieses Buches eine weitere wichtige Funktion: Sie ist ein gutes Beispiel für eine Erziehungsdokumentation. Nicht zuletzt aus diesem Grund haben wir »Schuh und Meter« gemeinsam mit dem Kultusministerium herausgegeben, mit dem die Gemeinde von Reggio Emilia ein Übereinkommen zur Verbesserung der Qualitätsstandards in der Vorschulerziehung getroffen hat.

Ich glaube in der Tat, dass heutzutage der Dokumentation innerhalb des Erziehungswesens ein außerordentlicher Stellenwert zukommt. Was die Geschichte angeht, wird niemand bestreiten, dass der Bereich der Erziehung in der frühen Kindheit im menschlichen Wirkungsfeld eine offensichtliche Dokumentationslücke, eine Art Allergie gegen Dokumentationen, aufweist. Die pädagogische Literatur ist sicherlich beachtlich, aber sie hat mehr theoretisiert als dokumentiert (auf jeden Fall stehen die konzeptuellen Aspekte im Vordergrund). Dokumentarisches Material aus dem (vor-)schulischen Bereich, das Reichtum (oder Armut) praktischer und theoretischer Entwicklungen sichtbar und analysierbar macht, ist mehr als selten. Deshalb laufen pädagogische Erfahrungen, wertvolle wie weniger wertvolle, oftmals Gefahr, der Erinnerung einzelner Erzieher vorbehalten zu bleiben. Ein ganzer Schatz an Ideen und Vorkommnissen verliert sich somit, und der Wissenschaft geht kostbares Material verloren. Ursprünglich sah man in der Dokumentation eine Möglichkeit für die Kinder, ihre eigenen Werke zu bewerten. Eltern konnten zudem einen besseren Einblick in das schulische Geschehen gewinnen. Schnell entdeckten die Erzieher jedoch auch für sich die außerordentliche Gelegenheit, ihre Arbeit mit den Kindern neu zu überdenken und zu beurteilen, was für ihre professionelle Entwicklung vorteilhaft war. Die Bedeutung der Dokumentation wurde auch in den jüngsten Richtlinien der italienischen Kindergärten (Orientamenti) hervorgehoben. Es ist somit wünschenswert, dass sie sich als eine alltägliche Arbeitsmethode etabliert, vor allem aber als forma mentis der italienischen Erzieher.

Es ist vielleicht an der Zeit, die möglichen Funktionen und Ziele des Dokumentierens besser zu definieren. Wenn das Dokumentieren tatsächlich einem besseren Verständnis der Kinder dienen soll, dann dürfen wir die Dokumentation nicht als reine Konservierung und Verwertung von Endresultaten didaktischer Projekte verstehen. Beschränken wir uns allein darauf, verstehen wir zwar das Ergebnis besser, aber wir erfahren nicht, wie es dazu gekommen ist.

Aus diesem Grunde sagen mittlerweile viele, dass es wichtiger ist, den Prozess zu dokumentieren als das Produkt. Aber auch hier muss genauer unterschieden werden. Oftmals wird die Dokumentation eines pädagogischen Prozesses erst am Ende überdacht und aufgeschrieben. Es wird eine Bestandsaufnahme gemacht, die aufeinander folgenden Entwicklungsschritte werden aufgezeigt. So entsteht eine getreue Wiedergabe, eine authentische Aufzeichnung der Ereignisse. Das Hauptaugenmerk liegt auf einer möglichst objektiven Wiedergabe der einzelnen Entwicklungsschritte. Diese Art der Dokumentation, die den Effekt einer Nacherzählung hat, ist zweifelsohne nützlich und wertvoll, denn sie liefert genügend Material, um Gedanken und Ereignisse neu zu ordnen und zu strukturieren. Dennoch wird dabei eine pädagogische Wahrheit außer acht gelassen, eine Wahrheit, die im »Kleinen Prinzen« von Saint-Exupéry benannt wird: Das Wesentliche ist für die Augen unsichtbar. Mit anderen Worten: Worauf es in der Kindererziehung ankommt, lässt sich auf einem Foto nicht festhalten, es lässt sich nicht filmen und registrieren, denn oft unterliegt es den unterschiedlichen Interpretationsmöglichkeiten. Wenn es uns aber interessiert, wie das Kind seine Umwelt wahrnimmt und ihr begegnet, wenn wir die Entstehung und Entwicklung seiner Wahrnehmung erforschen und mehr über seine Gedankengänge und Handlungsschritte erfahren wollen, dann dürfen wir nicht das dokumentieren, was um das Kind herum geschieht, sondern vor allem das, was sich unserer Meinung nach im Kind selbst abspielt. Wir müssen daher versuchen, das, was möglicherweise im Kind vorgeht, zu interpretieren, die nicht sichtbaren, aber dennoch außerordentlich bedeutungsvollen Aspekte innerhalb des kindlichen Wachstumsprozesses zu erfassen. Die Bedeutungen, die einem Erziehungs- und Beziehungsprozess zugrunde liegen, sind oftmals verborgen. Die zu gewinnenden Erkenntnisse sind immer ambivalent und von semantischer Vielfalt. Italo Calvino sagt in seinen »Amerikanischen Lektionen«: »Wir sind immer auf der Jagd nach etwas Verborgenem, nach etwas Stückhaftem, Hypothetischem, es sind die kaum merkbaren Spuren, denen wir folgen.«

Aus diesem Grunde glaube ich, dass man den Erkenntnissen und Aussagen einer linear nacherzählenden, beschreibenden Dokumentation nicht genügend Misstrauen entgegenbringen kann. Sie kann nur scheinbar die erfahrene Realität wiedergeben und lässt die wahren Vorgänge im Allgemeinen eher verarmen und erstarren. Weitaus vertrauenswürdiger ist dagegen eine Dokumentation, die erzählend (narrativ) und argumentierend den Ereignissen Sinn und Form zu geben versucht, eine Dokumentation, die den Effekt einer Erzählung hat. Sie beschreitet einen hypothetischen und interpretativen Weg, gräbt in Tiefen, imaginiert Handlungsfolgen und Zusammenhänge, die nicht unbedingt dem sichtbaren Ablauf entsprechen – kurz gesagt, sie will den Ereignissen und Prozessen einen Sinn verleihen, indem sie versucht, ihre Geheimnisse zu entschleiern.

Wir dürfen uns daher nicht unbedingt vom realen Verlauf der Ereignisse leiten lassen. Mittels der Erzählung sollten wir dem verwickelten Abenteuer menschlichen Lernens Verständnis und Einsicht abgewinnen.

Wir wissen kaum, wie ein Kind lernt, wie sich Wissen und Meinungen aufbauen, wie sich Fähigkeiten herausbilden, wie, über welche Wege und Umwege, Gedanken und Sprache entstehen. Unser Wissen darüber ist noch viel zu begrenzt, als dass wir uns den Luxus erlauben könnten, eine Dokumentations- und Mitteilungsform zu bevorzugen, die vorgibt zu beschreiben, nicht aber den Mut aufbringt zu deuten und zu interpretieren. Eine gelungene Metapher Walter Benjamins paraphrasierend, würde ich sagen, dass der Geschichtenerzähler ein Reisender ist, während derjenige, der nacherzählt, sesshaft ist. Der Letztere liebt das Vertraute und Gewohnte und ist auf Sicherheit und Regelmäßigkeit bedacht. Der Erstere hingegen öffnet sich dem Neuen und hat die Freiheit, unbekannte Gefilde zu erforschen. Aus diesem Grund glaube ich, dass die Dokumentations-Erzählung, die also erzählt und nicht nur nacherzählt und beschreibt, eher geeignet ist, pädagogische Vorgänge zu lesen und zu erfassen und ihre Bedeutung zu erforschen. Ein Nachdenken über das Tatsächliche oder besser die Befähigung zu einem Nachdenken über das Tatsächliche wird somit in Gang gesetzt. Gianni Rodari sagt in einem seiner berühmten

Sätze über die erkennende und dechiffrierende Kraft der Erzählung: »Die alltäglichen Dinge entstehen für jene, die sehen und erzählen können, im Verborgenen.« Aus dieser Perspektive wird die Dokumentation zum integrierten Teil einer Erziehungsplanung, ein unersetzliches Instrument zum Zuhören, Beobachten und Bewerten. Sie versteht sich eher als Geisteshaltung und kulturelle Entwicklungsform, denn als technisch-professionelle Kompetenz.

»Schuh und Meter« geht in diesem Sinne vor. Didaktische Dokumentation wird hier auf anschauliche Weise vorgeführt, es wird eine Geschichte aus dem Leben erzählt. Das herkömmliche Bild einer machtlosen und realitätsfremden Schule und Pädagogik bestätigt sich nicht, der »potenzielle Genius« (Morin) des Erziehers erfährt neue Kraft, denn seine Arbeit, die allzu oft an Fremdbestimmung und Routine leidet, gewinnt neuen Inhalt und Sinn.

Abgesehen von diesen besonderen Betrachtungen, ist es meine tiefe Überzeugung, dass die Welt der Schule eines begreifen muss: Wenn sie ihre erzieherischen Erfahrungen dokumentiert, festhält und vermittelt, erfährt sie mehr über die Arbeitsweise des menschlichen Gehirns, über die Lernvorgänge und Verhaltensweisen der Kinder. Ein Fundus neuer pädagogischer Theorien und Praktiken tut sich auf. Eine neue Kultur der Kindheit gewinnt an Boden. Die Kleinkinderziehung bedarf dringend dieser kulturellen Neuerung.

Sergio Spaggiari
Leiter der städtischen Krippen und Kindergärten von Reggio Emilia

Verschieden denkende Gehirne
Cervelli che pensano in modo diverso

L'invisibilità dell'essenziale

Dare la parola ai bambini è stata fin dall'inizio la coraggiosa avventura della collana editoriale »l'ascolto che non c'è«.

Ma le tracce di vita e di pensiero che i bambini ci lasciano, a volte non possono essere racchiuse dentro alle sole parole. Spesso necessitano di altro: immagini, disegni, scritti ma soprattutto storie, narrazioni.

Infatti »Scarpa e metro« ci invita all'ascolto di una storia di bambini di 5 anni che cercano di dare senso e forma alle misure e ai numeri.

È una storia interessante ed attraente che ci testimonia quanto avesse ragione Bacone, qualche secolo fa, ad affermare: »La mente e la mano se agiscono separate non combinano niente, se agiscono unite possono combinare qualcosa, ma possono combinare molto di più se agiscono insieme ad uno strumento«.

Nell'acquisizione delle conoscenze, ci ricorda insomma Bacone, non va dimenticata la forza maieutica degli strumenti che si utilizzano, perché anche essi hanno la capacità di suggerire idee e di far nascere pensieri. E pertanto, come dimostra la storia »Scarpa e metro«, è sempre saggio saper cogliere negli oggetti e negli utensili l'attività creatrice che sta nelle loro potenzialità: pensare il possibile è già, anche per i bambini, inventare, scoprire, progettare. Ma dobbiamo essere ben consapevoli, che assumere questa ottica ci fa uscire dall'approccio tradizionale della psicologia dello sviluppo che si è spesso affidata, per l'acquisizione delle conoscenze, alla trasmissione dei saperi e dei contenuti tramite i canali appropriati offerti dagli adulti ai bambini.

L'approccio interattivo-costruttivista cambia questa visione, e propone di non insegnare ai bambini quello che i bambini possono scoprire da soli; il ruolo cruciale di tale tipo di approccio è quello di intervenire soprattutto attraverso mezzi indiretti, predisponendo contesti facilitanti, creando situazioni arricchenti e aiutando i bambini ad essere artefici diretti dei loro processi di apprendimento.

Di tutto questo si fa una testimonianza efficace nell'esperienza raccontata in questo volume. Ma la pubblicazione di questo libro assume un ulteriore importante funzione: è un buon esempio di documentazione educativa. Ed è anche per questo specifico motivo che ci siamo convinti dell'opportunità di avviare, con questa pubblicazione, una collaborazione editoriale con il Ministero della Pubblica Istruzione con il quale il Comune di Reggio Emilia ha recentemente stipulato una Convenzione per la qualificazione della Scuola Materna Italiana. Credo infatti che la documentazione rappresenti oggi uno dei nodi cruciali dell'azione educativa.

Del resto nessuno lo può smentire: l'educazione infantile è un ramo dell'agire umano che storicamente ha manifestato una evidente allergia documentativa.

Se si eccettua la produzone editoriale sicuramente cospicua ma che di certo ha più teorizzato che testimoniato (e che comunque si è interessata maggiormente alla trattazione concettuale), molto scarsi sono i materiali documentali in grado di rendere visibile e analizzabile la ricchezza o la povertà delle eleborazioni pratiche e teoriche compiute in campo scolastico.

Molte esperienze educative anche di grande pregio rischiano pertanto di rimanere ancorate alle sole memorie personali di singoli insegnanti.

Così praticamente si disperde un consistente patrimonio di idee e di eventi che potrebbero altresì divenire materiale prezioso per lo studio e il confronto pedagogico.

Infatti la documentazione, nata forse inizialmente per offrire ai bambini una occasione di valorizzazione delle proprie opere e per consentire ai genitori di essere meglio informati sui vissuti scolastici, è stata presto scoperta come straordianaria opportunità per gli insegnanti di riesaminare e ripercorrere gli itinerari operativi compiuti per trarne indiscutibili vantaggi conoscitivi e professionali.

Il valore della documentazione è stato anche meritoriamente sottolineato nei recenti orientamenti della scuola materna italiana ed è pertanto augurabile che essa si consolidi come pratica quotidiana di lavoro ma soprattutto come forma mentis dell'educatore italiano.

Ma forse è opportuno ora definire meglio le possibili funzioni e finalità del documentare. Se documentare infatti vuole essere finalizzato a meglio capire i bambini allora dobbiamo evitare di concepire la documentazione come pura conservazione e fruibilità dei risultati finali di un percorso didattico educativo.

Limitandoci a ciò si potrà certamente valorizzare e meglio conoscere l'ottenuto ma non si conoscerà l'accaduto.

È per questo che sono ormai molti gli assertori dell'importanza strategica di documentare i processi anziché i prodotti.

Ma anche a questo riguardo è opportuno avanzare ulteriori specificazioni.

Infatti molto spesso la documentazione dei processi viene pensata e realizzata alla fine di un itinerario educativo ed è costruita come semplice resoconto descrittivo delle tappe attraversate lungo il percorso compiuto.

Essa diviene una sorta di ricostruzione fedele, di trascrizione autentica dell'avvenuto, dove lo sforzo maggiore è di dare oggettività alla rappresentazione aderendo il più possibile alla meccanica reale dei fatti.

Questo tipo di documentazione, che io chiamerei ad effetto riassunto, è indubbiamente utile e preziosa perché di certo diviene comunque materiale per riordinare e riorganizzare i pensieri e gli eventi.

Ma sembra dimenticare una verità educativa richiamata anche nel »Piccolo Principe« di Saint-Exupéry: l'essenziale è invisibile agli occhi.

In altre parole quello che conta in educazione il più delle volte sfugge alla fotografia, si nega alla registrazione, perché spesso appartiene al mondo delle possibili interpretazioni.

Infatti se quello che ci interessa è esplorare la genesi e lo sviluppo dei significati che il bambino costruisce nei suoi incontri con la realtà, se vogliamo saperne di più attorno alle procedure di pensiero e di azione attivate dal bambino nei suoi percorsi di apprendimento, allora dobbiamo documentare non tanto quello che è avvenuto attorno al bambino ma soprattutto quello che crediamo sia avvenuto dentro il bambino.

Dobbiamo cioè cercare di interpretare i possibili accadimenti cercando di cogliere gli aspetti invisibili ma straordinariamente significativi dei processi di crescita infantile.

I significati di un processo educativo e relazionale sono spesso nascosti e rimandano sempre ad una idea di ambivalenza conoscitiva e di pluralità semantica che già Italo Calvino riprendeva in »Lezioni Americane«: »...siamo sempre alla caccia di qualcosa di nascosto e di solo potenziale e ipotetico, di cui seguiamo le tracce che affiorano«. Credo perciò che si debba essere sufficientemente diffidenti sul valore conoscitivo e comunicativo di una documentazione meramente descrittiva e linearmente riassuntiva. Essa può dare l'illusione di riprodurre meglio la realtà empirica, ma il più delle volte impoverisce e immobilizza.

Meglio perciò affidarsi ad una documentazione intesa come pista narrativa ed argomentativa, ad effetto racconto, che cerca nel dare forma e sostanza all'accaduto di percorrere le strade ipotetiche e interpretative, di scavare in profondità, di immaginare trame e percorsi non necessariamente sequenziali, in sintesi che cerca di dare senso agli eventi e ai processi, tentando di disvelarne i misteri.

Dobbiamo cioè aderire non tanto alla reale successione dei fatti ma inseguire piuttosto con il racconto la possibile comprensione dell'intricata avventura dell'apprendimento umano.

Conosciamo troppo poco di come un bambino impara, di come nascono le conoscenze e le opinioni, di come si consolidano le abilità, di quali e quante strategie servono al pensiero e al linguaggio. Siamo ancora troppo ignoranti a questo riguardo per poterci consentire il lusso di privilegiare un registro comunicativo e documentativo che abbia la pretesa di descrivere e non il coraggio ermeneutico di interpretare. Paragrafando una felice metafora di Walter Benjamin, io direi che chi scrive storie è il viaggiatore, che scrive riassunti è il sedentario. Quest'ultimo ama la consuetudine e ricerca le certezze e la regolarità. Il primo invece si apre al nuovo e ha l'ardire di esplorare terreni sconosciuti.

Per questo io credo che la documentazione-racconto a stile narrativo e non riassuntivo-descrittivo, può meglio corrispondere al bisogno di attivare in educazione la lettura e la ricognizione dei fatti e la ricerca dei significati, non solo per riflettere il reale ma per consentirci di riflettere
sul reale.

Del resto la forza conoscitiva e decifrante del racconto era anche ben apprezzata da Gianni Rodari che in una sua celebre frase affermava: »Le cose di ogni giorno nascondono segreti a chi sa guardare e raccontare«.

È in questa ottica che la documentazione, diviene parte integrante della progettazione educativa e strumento indispensabile per l'ascolto, l'osservazione e la valutazione, definendosi come abito mentale, come atteggiamento culturale più che come competenza tecnico-professionale.

Per questo io penso che »Scarpa e metro« possa rappresentare un utile tentativo di documentazione didattica; perché è un racconto di storia di vita, perché fa uscire la scuola e la pedagogia da un'immagine di impotenza e di separazione della realtà, perché può ridare forza al »genio potenziale« (Morin) delle insegnanti, riscattando e offrendo senso ad un lavoro spesso umiliato e routinario.

E comunque, al di là degli apprezzamenti specifici, è mia profonda convinzione che il mondo della scuola debba iniziare a comprendere che produrre documenti e testimonianze attorno alle esperienze educative significa avvicinarsi ad una miglior conoscenza dei modi di funzionamento della mente, degli stili di apprendimento e delle strategie comportamentali dei bambini, significa alimentare la fonte sorgiva di nuove teorie e nuove pratiche pedagogiche, significa liberare speranze per una rinnovata cultura dell'infanzia.

E di questa nuova frontiera culturale per l'educazione infantile si percepisce un gran bisogno.

Sergio Spaggiari
Direttore degli Asili Nido e delle Scuole dell'Infanzia
del Comune di Reggio Emilia

Verschieden denkende Gehirne
Cervelli che pensano in modo diverso

Schuh und Meter

Die Wahrnehmung und das Erleben von Raum, Tönen, Dimensionen, Maßen und Zahlen gehören von Anfang an zu den kindlichen Lebenserfahrungen und Beziehungswelten. Unser modernes Leben ist von mathematischen Sprachen, Bezügen, Zeichen und Symbolen geprägt. Unsere Arbeit und Arbeitswerkzeuge, Zeichnungen, Kleidung und Schmuck, Häuser- und Straßenbau, Maße (Länge, Weite, Höhe, Gewicht, der Wert des Geldes usw.), alles ist eng mit geometrischer und arithmetischer Wahrnehmung verknüpft.

Kinder nähern sich mathematischem Denken, wenn sie sich orientieren müssen, im Spiel und auch in der Unterscheidung verschiedener Sprachebenen, der Umgangs- und der beschreibenden Sprache. Im Unterschied zu primitiven Völkern, die Wörter und ein geeignetes Vokabular erfinden müssen, werden unsere Kinder fortwährend mit Zahlennamen und -bildern konfrontiert, mit Wörtern für Mengen und Maße. Die Kinder begegnen diesen Wörtern und benutzen sie, bevor sie ihren Sinn, ihre Bedeutung, ihre Anwendbarkeit und schließlich ihren Gebrauch verstehen.

Wenn Erziehung wirklich lebensnah sein soll, muss die Schule sich diesem Erfahrungsbereich stellen und ihn zum Gegenstand von Untersuchungen, von Studium und Lernen machen. Es kann nur von Nutzen sein, wenn die Schule von konkreten Problemen und Situationen ausgeht; das Interesse und die Motivation der Schüler (bzw. Vorschüler) werden unmittelbarer und dauerhafter angesprochen.

In unserem Fall gehen die Kinder von einer wirklichen und erlebten Situation aus:
Die Kinder brauchen einen neuen Tisch, um besser arbeiten zu können. Sie brauchen einen Tisch, der genauso ist wie die Tische, die sie bereits haben, mit denselben Maßen und derselben Form. Was ist zu tun?
Die Kinder wollen zu einem Tischler gehen und ihn mit dem Bau des Tisches beauftragen. Aber wie sollen sie ihm zeigen, was für einen Tisch sie sich vorstellen? Der Tischler sagt: »Gebt mir die genauen Maße, ich mache euch den Tisch.« Die Kinder sagen, er würde alle nötigen Maße erhalten. Der Tischler fragt vorsichtig nach: »Aber könnt ihr denn schon messen?« Es ist eine große Herausforderung.
Sechs Kinder stellen sich dieser Aufgabe, fünf Jungen und ein Mädchen im Alter zwischen 5,5 und 6,2 Jahren. Die Kinder kennen sich seit mehr als vier Jahren. Es ist das erste Mal, dass sie gemeinsam Maße und Messungen erproben. Sie haben weder Kenntnisse noch Erfahrungen auf diesem Gebiet.
Wir sind überzeugt, dass die Maße der beste und geeignetste Kanal sind, fünfjährige Kinder an eine Welt der Zahlen und mathematischen Sprachformeln heranzuführen. Der Versuch, die »Sonde«, wie wir es nennen, ist daher weder simuliert noch experimentell nachgestellt. Er entsteht aus einem Problem der Kinder. Wir, die Erzieher, wollen vor allem das Verhalten der Kinder in einem Lernprozess beobachten, um

psychologische, kognitive und erzieherische Hinweise und Erklärungen zu erhalten: ein Stück Leben, von uns und von den Kindern.

Jede methodologische Strenge liegt uns fern. Wir vereinbaren mit den Kindern, vormittags zu arbeiten, die Arbeitsdauer soll sich aus den jeweiligen Situationen ergeben. Die Kinder sind nicht nur frei in der Wahl ihrer Wege, sondern auch in der Entscheidung, ob sie zusammen, in kleinen Gruppen oder allein arbeiten wollen. Wir möchten herausbekommen, wie und wann sie das Problem angehen.

Es besteht kein Grund zur Eile. Die Kinder haben Zeit, nachzudenken, auszuprobieren, zu finden, Ideen und Strategien zu entwickeln und zu verwerfen. Die nicht beteiligten Kinder der Gruppe werden über alles auf dem Laufenden gehalten. Zwei Erzieherinnen begleiten die Arbeit. Eine beobachtet und macht Videoaufnahmen. Die andere fotografiert. Die Erzieherinnen dienen den Kindern, soweit es möglich ist, als Rückenstärkung: Sie unterstützen und ermutigen vor allem, sind aber auch eine mögliche Anlaufstelle bei Fragen. Sie schreiten nur ein, wenn die Aktion der Kinder ins Stocken gerät oder festgefahren ist, wenn die Kinder Wissen ausleihen müssen, eine neue Anregung brauchen, eine »Übertragungssituation« im Sinne Piagets, ein Abstecken der nächsten Entwicklungsschritte im Sinne Vygotskijs.

Die Untersuchung nimmt zehn Tage in Anspruch, vierzig bis fünfzig Minuten am Tag.

Die Komplexität dieser Prüfung hat die Arbeit der Kinder nie in Frage gestellt oder gelähmt. Im Gegenteil, je größer die Herausforderung, umso hartnäckiger – zwischen ernsthafter Konzentration und gemeinsamen spielerischem Nachdenken – wurden die Kinder.

Loris Malaguzzi
Begründer der Kleinkindpädagogik von Reggio Emilia

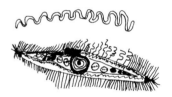

Scarpa e metro

La percezione e l'apprendimento dello spazio, dei suoni, delle dimensioni, delle misure e dei numeri è, sin dagli inizi, dentro alla esperienza di vita e di relazione dei bambini.

La nostra vita moderna è impregnata di linguaggi, di percezioni, di segni, di simboli matematici. Il lavoro dell'uomo, i suoi strumenti di lavoro, i suoi disegni, la decorazione e l'abbigliamento del corpo, la costruzione di case, di strade, le misure (la lunghezza, la larghezza, l'altezza, il peso, il valore dei soldi, ecc...) implicano il ricorso a percezioni geometriche e aritmetiche.

I bambini accedono al pensiero matematico attraverso le operazioni di orientamento, di gioco, di scelta dei linguaggi relazionali e descrittivi.

Ma contrariamente ai popoli primitivi che ebbero bisogno di creare parole e un apposito vocabolario, i bambini del nostro tempo si trovano già continuamente di fronte a nomi di numeri, a grafie di numeri, a parole di quantità e misure, li affrontano e li usano prima ancora di conoscerne il senso, i valori, i ruoli e le finalità della loro utilizzazione.

Se l'educazione deve partire dalle esperienze reali, risulterà giusto che la scuola se ne appropri e ne faccia oggetto di indagine, di studio e applicazione.

Sarà bene che la scuola parta da problemi e situazioni concrete così da generare interessi e motivazioni più immediate e resistenti.

In questo caso i bambini partono da una situazione vera e sentita: la scuola e i bambini hanno bisogno di un altro tavolo per favorire il loro lavoro, di un tavolo che sia uguale agli altri, delle stesse dimensioni e delle stesse forme. Che fare?

I bambini dicono di chiamare un falegname e proporgli la costruzione del tavolo. Ma come fare a illustrargli ciò che desiderano? Il falegname dice: »Mostratemi tutte le misure e io vi farò il tavolo«. I bambini dicono di sì al falegname, gli faranno avere tutte le misure necessarie. Il falegname li mette in guardia: »Ma siete capaci di misurare?« È una sfida molto grossa.

Si autopropongono sei bambini, cinque maschi e una femmina di età compresa tra i 5,5 e i 6,2 anni. Sono bambini che si conoscono da più di quattro anni.

È la prima volta che si cimentano insieme nella misura. Non hanno nozioni né esperienze in materia.

Da parte nostra abbiamo la convinzione che la misura sia il grande e più provvido canale per avvicinare i bambini di 5 anni al mondo dei linguaggi numerici e matematici.

La prova, la sonda come noi la chiamiamo, non è dunque una simulazione né una ricerca di laboratorio. Nasce da un problema fatto proprio dai bambini.

Tenteremo piuttosto un'osservazione etologica in un contesto scolastico che cerca indicazioni e significati psicologici, cognitivi, educativi: un pezzo di vita nostra e dei bambini.

Staremo lontani da ogni rigidità metodologica. Concordiamo coi bambini di lavorare al mattino per tempi che le situazioni stesse suggeriranno.

*Saranno liberi di confermare non solo le loro
scelte ma di decidere se lavorare tutti insieme,
a piccolo gruppo, da soli. Desideriamo assodare
come e quanto i bambini si vincoleranno al
problema.*

*Non avremo fretta, nessuno porterà via il tempo
che occorre per pensare, fare, trovare, creare e
cambiare idee e applicazioni.*

*Gli altri compagni saranno via via informati di
quanto accade. Due insegnanti seguiranno il
lavoro. Una per osservare e registrare. Una per
fotografare.*

*Le insegnanti cercheranno, quanto più possibile,
di rappresentarsi ai bambini come risorse
disponibili: soprattutto per le ricognizioni degli
eventi o per possibili prestiti di sapere. Solo
quando l'azione dei bambini ristagnerà o si
troverà inceppata e avrà bisogno di quei prestiti di
riavvio, di aggiustamento, di »situazioni
maggioranti« nel senso di Piaget e di operazioni
di sviluppo delle _»aree prossimali« nel senso di
Vygotskij. L'indagine si è protratta per una decina
di giorni: quaranta-cinquanta minuti ogni giorno.
La complessità della prova non ha mai messo in
soggezione o paralizzato il lavoro dei bambini:
anzi più la sfida si alzava e più i bambini alzavano
la loro tenacia tra momenti di seria
concentrazione e momenti di pensieri giocati in
comune allegria.*

Loris Malaguzzi
Pedagogista Fondatore dell'esperienza educativa
prescolastica di Reggio Emilia

Das Thema dieses Projekts entstand aus einer realen Lebenssituation, aus dem Wunsch der Kinder, in ihrem Klassenraum einen weiteren Arbeitstisch zu haben. Wir bestellen den Tischler in die Schule, und sie fragen ihn: »*Kannst du uns so einen Tisch machen?*«
»Ich brauche die genauen Maße«, sagt der Tischler. Aus Angst, die Gelegenheit zu verpassen, antworten die Kinder: »*Das machen wir schon.*«
Der Tischler und die Kinder sehen uns an. Auch wir sind einverstanden. Es ist eine große Herausforderung. Der Tischler ist etwas misstrauisch: »Aber könnt ihr denn schon messen?« »*Und du*«, antworten die Kinder, »*kannst du uns denn so einen Tisch machen?*« Die Herausforderung steht also.

Il tema di questa esperienza nasce da una situazione reale: dal desiderio dei bambini di avere nell'aula un tavolo da lavoro in più. Chiamiamo il falegname a scuola e i bambini gli chiedono: »Ci fai un tavolo uguale a questo?«
»Ci vogliono le misure« *dice il falegname.*
I bambini temono di perdere l'occasione.
»Le facciamo noi« *rispondono.*
Il falegname e i bambini ci guardano.
Anche noi diciamo di sì. È una sfida molto grossa.
Il falegname li mette in guardia: »Ma siete capaci di misurare?« »E tu – *rispondono i bambini* – sei capace di farci il tavolo uguale?«. *Così la sfida parte per davvero.*

Die einen sagen, dass es schwierig ist, andere sagen, dass man nur anfangen muss, dass der Tisch zu viele Maße hat, dass man Zahlen braucht. Hinter der Unruhe lässt sich die große Lust, das Abenteuer endlich anzugehen, kaum verbergen.

C'è chi dice che è difficile, altri che basta cominciare, che il tavolo ha troppe misure, che ci vogliono i numeri. L'inquietudine, in verità, maschera appena una gran voglia di dar corso all'esperienza.

Alan bringt den Stein ins Rollen: »*Man zählt und misst mit den Fingern, du legst einen Finger an den anderen und zählst mit den Fingern bis fünf und dann bis zehn.*«
Alans Idee geht in die richtige Richtung. Die Kinder verstehen ihn.

Während die Diskussion weiterläuft, verschwinden Tommaso und Daniela plötzlich.

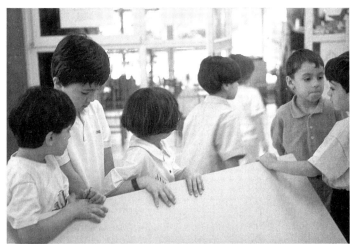

Chi sblocca la situazione è Alan: »Si conta e si misura con il dito, si mette un dito dopo l'altro, col dito si conta fino a 5 e poi fino a 10«.
L'idea di Alan va nella direzione giusta.
I compagni lo capiscono.

Mentre la discussione continua Tommaso e Daniela si allontanano improvvisamente.

Sie kommen mit einigen Bögen Rechenpapier zurück und sagen:

Ritornano con alcuni fogli quadrettati e dicono:

»Um den Tisch zu verstehen, muss man ihn zuerst zeichnen.«

»Per capire il tavolo bisogna disegnarlo«.

Hier sind die Zeichnungen von Tommaso und Daniela. Die Tische sind »belebt«, funktionalisiert, da sind Flaschen, Gläser, ein Computer. Man könnte sagen, dass Tommaso und Daniela die Aussagekraft einer Zeichnung erfasst haben. Möglicherweise gehen sie davon aus, dass der gezeichnete Tisch dazu dienen könnte, eine umfassende Wahrnehmung der anzugehenden Probleme herzustellen, eine Fokussierung aller Vorstellungen und zu erwartenden Lösungen bzw. ein weiteres Mittel, die Probleme zu begreifen und mitzuteilen.

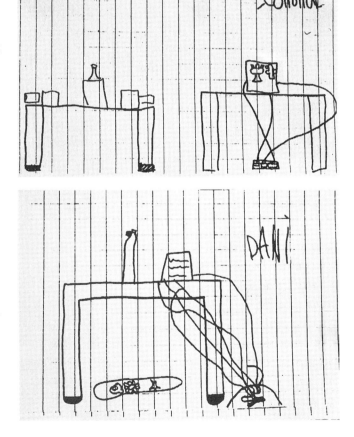

Ecco i disegni di Tommaso e Daniela. I tavoli sono abitati, svolgono la loro funzione, hanno bottiglie, bicchieri, il computer. Si direbbe che Tommaso e Daniela abbiano percepito il valore notazionale del disegno, come se il tavolo disegnato servisse a produrre una percezione complessiva dei problemi da affrontare, una centrazione più condivisa delle idee e delle soluzioni in attesa, un mezzo in più per capire e comunicare.

Ausgehend von den Zeichnungen der Kinder, greifen die Erzieherinnen zum ersten Mal ein. Sie schlagen vor, einen Tisch als Modell zu benutzen. Damit dieser Tisch in seinen wesentlichen Formen wahrgenommen werden kann, wird er aus dem gewohnten Zusammenhang des Gruppenraumes isoliert. Die Kinder haben Alans Idee aufgenommen: *»Man zählt und misst mit den Fingern, legt einen Finger an den anderen...«* Der Körper selbst liefert die Messelemente: der Finger, die Handfläche, die Faust, der Unterarm.

das Bein...

La prima scelta delle insegnanti, suggerita dai disegni dei bambini, è quella di proporre un tavolo da utilizzare come modello, isolato dal contesto della sezione, in modo che sia percepito nelle sue forme essenziali. I bambini hanno raccolto l'idea di Alan: »Si conta e si misura con il dito, si mette un dito dopo l'altro...«. È il corpo che presta gli elementi per misurare: il dito, la mano aperta o a pugno, l'avambraccio,

... la gamba,

...schließlich wird sogar der Kopf Stück für Stück angelegt, um zwei entfernte Punkte zu verbinden, die das Ausmaß des Tisches markieren.

Auch wenn die Kinder sich dessen nicht bewusst sind, sie wiederholen die uralten Gesten des Maßnehmens. Die ersten Messungen der Kinder folgen dem Augenmaß, es sind visuelle Einschätzungen der Elemente: lang, weniger lang, höher, weniger hoch etc. Die Maße werden vom Körper aufgenommen. Vielleicht greifen wir *deshalb auf den Körper zurück*, wenn wir vor das Problem gestellt werden, Maße mitzuteilen. Die Maße werden dem Körper *entnommen*. Sie sind unmittelbar verfügbar und haben zudem eine vergnügliche Komponente.

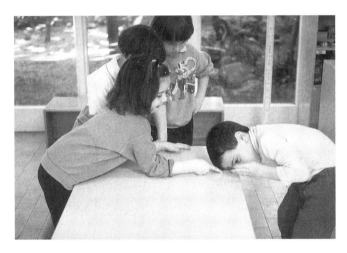

...perfino la testa, messi in successione in linea retta per congiungere due punti lontani che segnano la misura del tavolo.

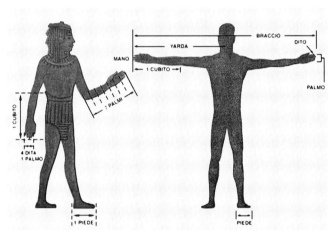

I bambini non lo sanno ma stanno ripetendo i gesti antichissimi della misura.
Le prime misurazioni che i bambini fanno sono a occhio valutando visivamente gli elementi: lungo, meno lungo, più alto, meno alto, ecc. Le misure vengono in qualche modo incorporate. Forse è per questo, che quando il problema è quello di comunicarle, è ancora al corpo che si ricorre; le misure vengono estratte dal corpo. Sono strumenti immediatamente disponibili e contengono anche una partecipazione divertita.

Die Kinder haben die Finger verworfen, sie haben die Faust entdeckt. Sie haben die Faust verworfen und haben die Handspanne entdeckt. Am Ende sind sie auf das Bein gekommen. Es scheint, als hätten sie entdeckt, dass sie mit einer längeren Maßeinheit den Arbeitsaufwand verringern können.

I bambini hanno scartato il dito, hanno trovato il pugno, hanno scartato il pugno, hanno trovato la spanna e infine sono arrivati alla gamba; pare abbiano scoperto che possono utilizzare una unità più lunga in modo da accorciare economicamente il lavoro.

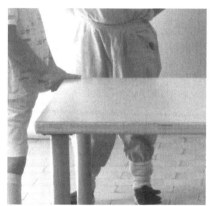
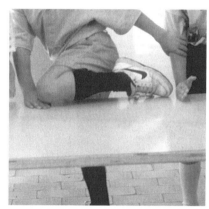

Nachdem sie die Körperwerkzeuge ausgeschöpft haben, finden die Kinder sofort andere Messinstrumente.

»Ich hole eine Schöpfkelle aus der Küche!«

»Ich versuche es mit einem Buch!«

Vielleicht merken sie, dass der Umgang mit Gegenständen, die nicht zum eigenen Körper gehören, leichter ist, und dass diese Gegenstände frei gewählt werden können.

Voraussetzung ist hier jedoch, dass die Messgegenstände kleiner sind als das zu messende Objekt. Sie müssen wiederholt anlegbar sein und bis zum letzen Messpunkt des Objektes gezählt werden. Die Kinder stellen bald fest, dass gewisse Messgegenstände, aus welchem Grund auch immer, unpräzise sind. Es ist ein Prozess, der den Kindern ein analytischeres Lernen abverlangt. Sie lernen, dass das Ergebnis der Messung (die Zahl als Ausdruck des Maßes) von der Größe des Messgegenstandes abhängt. Sie müssen lernen, mit konstanten Werten umzugehen, wenn sie über viele Messungen mit der immer gleichen Maßeinheit zu einem identischen Ergebnis gelangen wollen, und dass hieraus die Notwendigkeit entsteht, einen immer allgemeineren, immer konventionelleren Versuchsgegenstand auszusuchen. Sie müssen lernen, dass sie von konkreten Entdeckungen zu abstrakten übergehen müssen, und dass es oftmals die abstrakten Erkenntnisse sind, die zu einem besseren, konkreten Verstehen und Handeln führen. Wahrscheinlich werden sie erkennen, dass ihr Umgang mit der Sprache des Maßes der Entdeckung einer neuen Sprache gleichkommt, einer Sprache, die sich von der, die sie gewöhnlich benutzen, unterscheidet. Doch handelt es sich

immer um Intuitionen und Erkenntnisse, die umgehend verstärkt werden müssen.

Die Kinder haben verschiedene Maßeinheiten ausprobiert, sind aber bislang noch nicht zu einer definitiven Entscheidung gelangt. Sie haben sich in eine Falle manövriert, indem sie sich nicht für eine Maßeinheit entscheiden konnten. Jetzt ist der Moment gekommen, ihr zu entrinnen. Die Notwendigkeit, ein für alle zugängliches und von allen benutztes Maß zu gebrauchen, wird ihnen langsam bewusst.

Wie soll man diesen Erkenntnisprozess unterstützen?

Sie müssen, so paradox es klingen mag, noch tiefer in die Unordnung, in der sie sich befinden, eindringen: Wenn sie den Kern des Problems von einem Kontext auf einen anderen verlegen, können sie möglicherweise die Widersprüche zum Ausbruch bringen.

Esauriti gli strumenti corporei i bambini trovano subito altri strumenti di misura.

»Io vado a prendere un mestolo in cucina«,
»Io provo con un libro«.

Forse si accorgono che è più agevole maneggiare e utilizzare come campioni oggetti esterni al proprio corpo e che questi possono essere liberamente scelti.

Ad una prima condizione iniziale: che essi siano più piccoli rispetto all'oggetto da misurare, che siano replicabili e contati fino alla copertura dell'oggetto, avvertendo che spesso si tratta di operazioni incerte per difetto o per eccesso. Un processo che richiederà ai bambini in termini più analitici di apprendere: che il prodotto della comparazione (il numero che esprime la misura) dipende dalla grandezza scelta del campione; che dovranno padroneggiare i valori dell'invarianza se vogliono trovare un risultato identico per molte misure della stessa grandezza e di qui la necessità di scegliere un campione sempre più condiviso e convenzionale; che avranno bisogno di passare da scoperte concrete a quelle astratte, ma che spesso saranno le elaborazioni astratte che consentiranno di comprendere e di agire meglio nel concreto; infine è probabile stiano accorgendosi che parlare il linguaggio della misura è la scoperta di un linguaggio per loro nuovo e diverso da quello che utilizzano abitualmente.

Ma si tratta sempre di intuizioni o comprensioni che vanno subito rafforzate.

I bambini sono passati da unità di misura diverse senza ancora produrre una scelta definitiva.

È il momento in cui devono uscire dall'inghippo costituito da una mancata scelta nei confronti di una unità di misura; sta iniziando ad apparire in loro la necessità di utilizzare una misura condivisa e utilizzata da tutti.

Come sostenere il processo conoscitivo in corso?

Quello che occorre adesso per aiutarli è paradossalmente farli sprofondare di più nel disordine che ancora hanno: forse può servire spostare da un contesto all'altro il nucleo problematico per fare esplodere le contraddizioni.

Die Erzieherin schlägt vor, dass die Kinder möglichst weit springen und anschließend versuchen, diese Sprünge zu messen. Wie kann man das anstellen? Die Antwort der Kinder lautet: *»Man braucht zwei Markierungen, eine für den Absprung, eine für den Aufsprung, und dann misst man sie mit den Füßen.«*

L'insegnante lancia l'idea di prodursi in salti e di provare a misurarli. Come si farà a misurarli? La risposta dei bambini è: »Ci vogliono due segni, uno per la partenza e uno per l'arrivo e si misura con i piedi«.

Mit dem Vorschlag der Erzieherin wird das Problem, das am Tisch ziemlich abstrakt behandelt wurde, in eine Situation übertragen, die den Körper völlig einbezieht. Die Annahme eines *Transfers* ist ein wichtiger Vorgang, Analogien werden auf eine andere Ebene übertragen.
Wir hoffen, dass die Kinder die Notwendigkeit eines einzigen, allgemeinen Maßes begreifen.

Quello che l'insegnante propone è il trasferimento dalle prove sul tavolo, dove il problema appartiene a una contrattazione ancora abbastanza astratta, a quelle dove il corpo partecipa totalmente. L'adozione di un transfert *è una procedura importante, uno spostamento di analogie su un altro piano.*
Speriamo che i bambini raccolgano la necessità di avere una misura unica e condivisa.

Als Erster springt Tommaso.
Der schnell überflogene Raum wird les- und messbar durch die Schritte Tommasos, der ihn noch einmal Fuß um Fuß abschreitet, um ihn zu messen.

Sein Sprung ist **vier Fuß** weit.

Il primo salto è di Tommaso.
Lo spazio, sorvolato rapidamente, viene reso leggibile e codificabile dai passi di Tommaso che lo ripercorre mettendo un piede dopo l'altro per misurarlo.

*È un salto lungo **quattro piedi**.*

Jetzt wird der Sprung mit den Füßen der Erzieherin gemessen. Tommasos Sprung ist **drei Fuß** weit. Nun sind Marco und Daniela an der Reihe. Die Sprünge werden immer kürzer, wenn die Erzieherin sie misst. Schließlich erkennen alle den Trick.

»*Dein Fuß ist größer und nimmt mehr Raum ein! Wir haben kleinere Füße!*«
Wir hoffen, diese neuerliche Erfahrung hilft ihnen, das Verständnis dieser Ambivalenz zu vertiefen.

*Ora lo misurano i piedi dell'insegnante. Il salto di Tommaso è lungo **tre piedi**. Poi è la volta di Marco e Daniela. I salti si fanno più corti ogni volta che li misura l'insegnante. Finché tutti scoprono il trucco.*

»Il tuo piede è più grande e tiene più spazio«, »Noi abbiamo il piede più piccolo«.
Ci auguriamo che l'esperienza sia servita a comprendere meglio le ambiguità.

Die Erzieherinnen setzen sich zusammen. So schnell wie möglich besprechen sie die *noch frischen* Beobachtungen. Die persönlichen Interpretationen und Hypothesen verändern sich im gegenseitigen Vergleich, bekommen neuen *Gehalt* und neue Bedeutung.

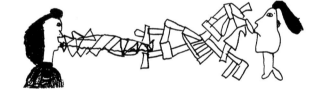

Le insegnanti si incontrano. Appena possibile fanno delle ricognizioni a caldo: le interpretazioni e le ipotesi personali trovano nel confronto spostamenti, nuovi spessori e significati.

Auch die regelmäßigen Zusammenkünfte aller beteiligten Kinder und Erwachsenen führen zu wertvollen Erkenntnissen – ein Vorgang, von dem wir oft Gebrauch machen. Die eingeschlagenen Wege, an die sich die Kinder erinnern und die sie aufs Neue erzählen, verbinden wie in einer algorithmischen Geschichte ihre persönlichen Erlebnisse mit den Ereignissen, denen sie gegenübergestellt wurden. Die Bedeutung ihrer Arbeit, das Gefühl der Zugehörigkeit, die gemeinschaftlichen Werte, die den beschrittenen Weg bereits kennzeichnen, werden somit unterstrichen. Hier reifen oft neue Ideen.

Mit Pier-Luigi beispielsweise geschieht etwas Außergewöhnliches. Jetzt, wo er alles klarer sieht, steht er auf und kündigt an: *»Hört mal! Warum nehmen wir nicht eine Schnur, messen alles auf einmal und schneiden sie ab, wenn sie am Ende des Tisches angekommen ist?«* Der Vorschlag verrückt im wahrsten Sinne des Wortes alle Gedanken. Er ist so aufregend, dass die Kinder die Sitzung für geschlossen erklären und verlangen, sofort wieder an die Arbeit zu gehen.

Viele denken, dass es eine Geradlinigkeit im Vorgehen der Kinder gäbe, in Wirklichkeit aber entpuppen sie sich unversehens als *»Verräter«*. Dieses Ausscheren von der Autobahn, die sie befahren, belastet einerseits eine bereits schwierige Situation mit noch mehr Problemen, andererseits ist es eine nützliche Komplikation. In unserem Fall beschleunigt es letztlich das Vorankommen der Arbeit und vereinfacht sie durch den Gebrauch eines globalen Maßes.

David Hawkins betont immer wieder diese »netzartige Struktur« der Kinder, die nicht einem einheitlichen und geradlinigen Weg folgen, sondern den vielen Verzweigungen eines Baumes.

Un incontro degli adulti coi bambini, impegnati nella vicenda, è sempre una ricognizione preziosa ed è una procedura che utilizziamo spesso.
Le strade percorse, ricordate e rinarrate dai bambini, connettono come in una storia algoritmica le loro storie personali e quelle degli eventi affrontati. Rafforzano il significato del loro lavoro, il senso di appartenenza, i valori cooperativi che già segnano il percorso fatto, e spesso sono il luogo dove maturano nuove idee.
Infatti è qui che accade un fatto straordinario quando Pier Luigi, adesso che ha più chiara la situazione, si alza in piedi e annuncia: »Ascoltate! Perché non prendiamo una corda e misuriamo tutto in una volta sola e la tagliamo quando è arrivata in fondo al tavolo?«. La proposta sposta letteralmente tutti i pensieri. Ed è tanto eccitante che i bambini dichiarano chiusa la seduta e chiedono di riprendere subito il lavoro.
Molti pensano che i bambini abbiano una linearità di progressione, in realtà sono dei traditori *improvvisi: questa fuoriuscita dall'autostrada che stanno percorrendo arricchisce di problemi una situazione già ricca di problemi, ma in realtà è una complicazione che serve perché accelera l'avanzamento del lavoro e lo semplifica utilizzando una misurazione globale.*
David Hawkins insiste molto su questa »struttura a rete« dei bambini che non seguono un percorso unitario e lineare ma ad albero con molte ramificazioni.

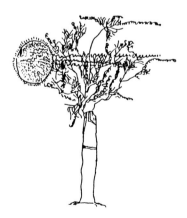

Die Schnur ist schon im Einsatz. Das Spannen fällt den Kindern noch etwas schwer, die Vorteile der Methode haben sie jedoch begriffen. Sie schneiden sie zu, einmal nach der Breite und einmal nach der Länge des Tisches. Somit verfügen sie über zwei Schnüre. Alan sagt: »*Die längere Schur ist die der Länge.*« Daniela fügt hinzu: »*Und die kurze Schnur ist die der Kürze.*« Es braucht ein bisschen Zeit, bis der von Daniela erfundene Terminus »Kürze« von dem richtigen und üblicheren der Breite ersetzt wird. Die Kinder könnten jetzt theoretisch fortfahren, alle Teile des Tisches mit der Schnur zu messen und anschließend alle Schnüre dem Tischler bringen. Tun sie dies nicht, so befriedigt sie die Sache möglicherweise nicht. Vermutlich fühlen sie, dass sie zu numerischen Maßen übergehen und die Zahlen benutzen müssen. Aber wie?

Das Metermaß, von dessen Existenz sie wissen (in der Einrichtung befinden sich einige Exemplare in einem Regal) scheint ihnen noch nicht in den Sinn zu kommen. Wir könnten nach dem Warum fragen. Vermutlich wissen alle Kinder, dass das Metermaß zum Messen dient, doch ist es ein Werkzeug, dass ihren Erfahrungen noch sehr fern liegt. In einer realen Situation wie dieser scheinen Körper und Gegenstände konkreter und verlässlicher als das Metermaß.

*La corda è già al lavoro. I bambini la tendono
ancora maldestramente ma hanno capito i
vantaggi del metodo. La tagliano nel senso della
larghezza e della lunghezza del tavolo. Hanno così
due corde. Dice Alan: »La corda più lunga è quella
della lunghezza«. Daniela aggiunge: »E la corda
corta è quella della cortezza«. Ci vorrà qualche
tempo, prima che il termine di »cortezza«
inventato da Daniela sia sostituito da quello più
corretto e usuale di larghezza. A questo punto i
bambini potrebbero in sede congetturale
continuare a misurare tutte le parti del tavolo con
la corda e consegnare tutte le corde al falegname.
Se non lo fanno è possibile pensare che la cosa
non li accontenti. Probabilmente sentono di dover
trasferire delle misure numeriche, di utilizzare
il numero, ma come?*

*Il metro di cui conoscono l'esistenza (a scuola ve
ne sono alcuni riposti su uno scaffale) pare ancora
lontano da ogni evocazione. Ci possiamo chiedere
perché. Probabilmente tutti i bambini sanno che il
metro serve a misurare ma è uno strumento ancora
lontano dalla loro esperienza; in una situazione
reale come questa il corpo e gli oggetti paiono
forse più concreti e affidabili del metro.*

Wir sehen, wie Daniela das Zählen mit den Fingern vorschlägt, diesmal auf der Schnur. Sie spricht laut, indem sie den Finger Stück für Stück weiterrückt: *»1, 2, 3, 4...«* Gleichzeitig zeigt Tommaso mit den Fingern die Zahlen an. Dann halten sie plötzlich inne und beraten sich. Daniela sagt: *»Wir brauchen Papier, um die Zahlen aufzuschreiben!«* Wir glauben, es ist ihnen aufgefallen, dass sie nur Zahlen, nur Wörter, nur Laute und nur Zeichen auf der Schnur zusammengesetzt haben.

Tommaso und Daniela entfernen sich ... und kehren mit Papierstreifen zurück...

Vediamo Daniela riproporre la conta con il dito, questa volta sulla corda.
Pronuncia ad alta voce spostando il dito: »1, 2, 3, 4...« mentre Tommaso scandisce i numeri con le dita. Ma poi si fermano e confabulano. Daniela dice: »Ci vuole la carta per scrivere i numeri!«.
Crediamo abbiano avvertito che stavano mettendo insieme solo dei numeri, solo delle parole, solo dei suoni e dei segni sulla corda.

Tommaso e Daniela si allontanano... e ritornano con strisce di carta,

Daniela beginnt »1 2 3 4...« zu schreiben.
Es ist das erste Mal seit Beginn ihrer Arbeit, dass sie sich der Zahlenschrift bedienen, um dem Maß einen *Wert* beizumessen.

...die sie neben die Schnur legen. Und jetzt?

...che affiancano alla corda. E adesso?

Daniela comincia a scrivere »1 2 3 4 ...«
È la prima volta dall'inizio della loro ricerca che utilizzano la scrittura dei numeri per dare valore *alla misura.*

Daniela hört auf zu schreiben und sagt: *»Es gibt unendlich viele Zahlen, wir schaffen es nicht, alle aufzuschreiben!«* Daniela bringt die konkrete Situation durch eine Feststellung, die in den Bereich der Zahlenphilosophie gehört, auf eine höhere Ebene.

Tommaso kommentiert: *»Weisst du, warum es nicht richtig ist? Zwischen den Zahlen müssen dünne Linien sein.«* Vielleicht meint er die Zwischenräume, die auf dem Metermaß den Abstand zwischen den Zahlen bestimmen.

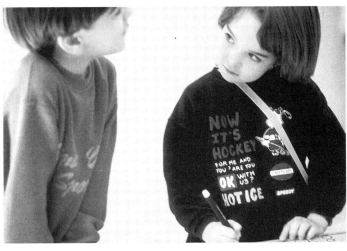

Si ferma di scrivere e dice: »Sono infiniti i numeri, non riusciamo a scriverli tutti!«.
Daniela trascende il momento contingente con una affermazione che rientra nella filosofia del numero.

Tommaso commenta: »Sai perché non è giusto? I numeri devono avere delle righine tra loro«.
Forse evoca gli intervalli che sul metro distanziano i numeri uno dall'altro.

Daniela: »*Dann machen wir ein Metermaß.*«
Das Spiel, das zwischen Tommaso und Daniela entsteht, ist eine Art Ping-Pong. Was das eine Kind sagt, wird vom anderen aufgenommen und weiterentwickelt.

Daniela schreibt die Zahlen noch einmal und unterteilt sie mit einem Strich. Die neue, hervorgehobene Unterteilung ist ein wichtiger Schritt. Sie kennzeichnet eine große Entdeckung der Kinder, denn sie bedeutet, dass zwischen einer Zahl und einer anderen ... und wieder einer anderen ein gleichwertiger Abstand besteht.

Daniela: »Allora facciamo il metro«.
Il gioco che nasce tra Tommaso e Daniela è quello del ping-pong: ciò che dice uno viene raccolto e portato più avanti dall'altro.

Daniela riscrive i numeri separandoli con una riga. La suddivisione ripartita e cadenzata è un passaggio importante e una grande scoperta che i bambini fanno, perché sta ad indicare che tra un numero e l'altro e l'altro... e l'altro c'è una equidistanza di valore.

Der Vorschlag, ein Metermaß herzustellen, gefällt allen Kindern, die dem Duett zwischen Tommaso und Daniela beigewohnt haben. Andere interessierte Kinder der Gruppe stoßen zu unserer Arbeitsgemeinschaft hinzu. Jedes Kind nimmt einen Papierstreifen und erstellt auf seine Weise ein Metermaß.

Es entstehen nun Metermaße von willkürlicher, subjektiver Länge, die allerdings alle mit Zahlen in oft korrekter Abfolge beschriftet sind.

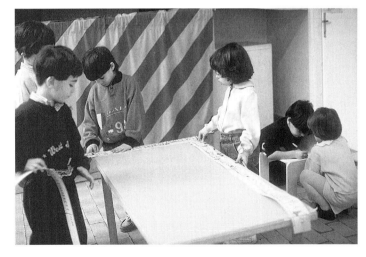

Sodann kommen alle mit dem eigenen Metermaß, um den Tisch zu messen. Tommaso und Daniela wurden von der Gruppe mit der Aufgabe betraut, alle Messungen schriftlich festzuhalten. Die Kinder sind auch im Rahmen anderer Projekte daran gewöhnt, Ergebnisse grafisch festzuhalten. Sie sind daher imstande, eine sinnfällige Synthese der Zahlendifferenzen herzustellen.

*La proposta di fare il metro piace a tutti i bambini
che hanno assistito al duetto tra Tommaso e
Daniela. Al solito gruppo si aggiungono interessati
altri bambini della sezione. Ognuno prende una
striscia di carta e costruisce il metro a modo suo.*

*Nascono così metri di lunghezza soggettiva e
arbitraria, tutti però contrassegnati da numeri in
progressione spesso corretti.*

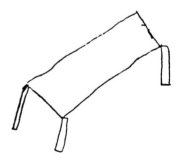

*Passano poi a misurare il tavolo ognuno con il
proprio metro, mentre a Tommaso e Daniela viene
affidato dal gruppo il compito di annotare su carta
tutte le misure.*
*L'annotazione grafica appartiene alle abitudini di
questi bambini anche in altri ambiti di esperienza;
in questo momento consente loro una sintesi
evidente delle differenze numeriche.*

Und so kommt es in dieser Phase zum Skandal:
Der Tisch misst 78, 41, 20, 23, 44 ...
Die Kinder messen beide Teile (Länge und
»Kürze«), doch nur die Kinder mit den längeren
Metermaßen haben den Mut, sich an den langen
Teil des Tisches zu wagen.
Es ist offensichtlich, dass die Kinder **nicht das
Metermaß**, sondern ein Metermaß gemacht
haben. Folglich ist unser Vorhaben, zu einer
eindeutigen Dimension zu gelangen, noch nicht
geglückt. Das Wort »Metermaß« selbst, das alle
benutzen, ist in Wirklichkeit ein subjektiv
gekennzeichnetes Maß.

Es herrscht ein großes Durcheinander und viel
Gelächter. **Was sollen wir tun?**

Infatti a questo punto scoppia lo scandalo: il tavolo misura 78, 41, 20, 23, 44...
I bambini misurano entrambe le parti (lunghezza e »cortezza«) ma solo chi ha il metro più lungo azzarda la misura più lunga.
È evidente che i bambini non hanno fatto il metro ma un metro; *non passa perciò ancora la nostra ipotesi di arrivare a una dimensione univoca. La stessa parola metro che tutti utilizzano in realtà è una misura di carattere soggettivo.*

C'è una grande confusione accompagnata da grandissime risate. Cosa si fa?

In der Hoffnung, die Lösung des Problems herbeizuführen, rät die Erzieherin, alle Metermaße nebeneinander auf den Boden zu legen, um die Abweichungen ihrer Formen deutlicher zu machen.

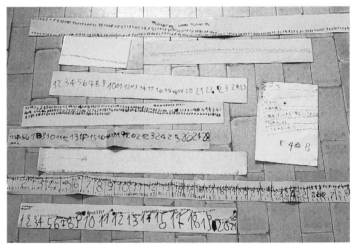

L'insegnante suggerisce di allineare tutti i metri a terra per rendere più evidente la loro difformità, *sperando di provocare uno scioglimento del problema.*

»Man muss das *richtige Metermaß aussuchen.*
Das mit den richtigen Zahlen.« Aber welches?
Meinen die beiden Kinder vielleicht, dass man
eines, und nur eines, auswählen sollte? Oder
denken sie, dass das richtige Metermaß jenes sei,
das die Zahlen in exakter Abfolge aufreiht?
Vermutlich verfügen die Kinder noch nicht über
die Vorstellung des Metermaßes als
konventionelles Maß, das von allen benutzt werden
kann. Es ist interessant, einen Blick auf die
individuellen Arten ihrer Metermaße zu werfen.

Und es passiert tatsächlich, Riccardo und Marco
rufen plötzlich:

In effetti questo avviene quando Riccardo e Marco
si mettono a gridare:

»Bisogna scegliere il metro giusto. Sì, quello
con i numeri giusti«. *Ma quale? I due bambini*
vogliono forse dire che occorre sceglierne uno e
uno solo? Oppure pensano che il metro giusto è
quello che allinea i numeri progressivamente
esatti? Probabilmente i bambini non hanno ancora
la dimensione del metro come misura
convenzionale che possa essere adottata da tutti.
Sarà interessante dare un'occhiata a come hanno
costruito i metri individuali.

Riccardo erfindet ein »e« (»und«) als Verbindung zwischen einer Zahl und der Nächsten: 1 e 2 e 3 e 4 e 5 e ... , womit er zu einem einheitlichen, waagerechten Gefüge kommt, das beeindruckend ist. Daniela hat eine bereits weiterentwickelte Lösung gefunden, die sich mehr und mehr dem *guten Metermaß* annähert: Zwischen einer Zahl und der nächsten setzt sie kleine, gleich große Striche, womit sie die Gleichheit der Entfernungen und Werte zwischen den Zahlen unterstreicht.

C'è Riccardo che inventa una »e«, congiunzione tra un numero e l'altro: 1 e 2 e 3 e 4 e 5 e... ottenendo così una configurazione unitaria orizzontale piuttosto straordinaria. Daniela ha prodotto una soluzione più avanzata avvicinandosi sempre più al buon metro: *tra un numero e l'altro interpone dei trattini uguali rinforzando così l'equivalenza delle distanze e dei valori tra i numeri.*

1 2 3 4 5 6 7 8 9 10 11 12 13 14 15 16 17 18 19 20 21 22

41 42 43 44 45 46 47 48 49 50 51 52 53 54 55 56 57 58 s

1 2 3 4 5 6 7 8 9 10 11 12 13 14 15 16 17 18 19 20 21 22 23 24 25
44 45 46 47 48 49 50 51 52 53 54 55 26 27 28 29 60 61 62 26
83 84 85 86 87 88 89 90 91 92 93 94 95 96 97 98 99 100

Andere lassen sich von der Macht der Zahlen verführen: Marco schreibt alle Zahlen, die er kennt – bis 114 – auf, Alessandro schreibt die Zahlen in perfekter Reihenfolge, bei 100 hört er auf.

Altri vengono sedotti dalla potenza numerica: Marco scrive tutti i numeri che conosce fino al numero 114; Alessandro scrive i numeri in successione perfetta e si ferma al numero 100.

FRANCESCO

1,,,,2,,,,3,,,,4,,,,5,,,,6,,7,,8,9,,,,10,,,,11,,,,12,,,,13,14,,,,15,,,,16,,,,17,,,,18,,,,19,,,,20,,,,21,,,,22,,,,2

PIERLUIGI
PICILLO

1 2 3 4 5 6 7 8 9 10 1

Francesco zeichnet auf der Zahlenreihe, die immer von vier kleinen Strichen unterbrochen wird, ein Fahrrad, als wollte er ihre Aufwärtsbewegung hervorheben. Pier-Luigi schreibt die Zahlen größer und kräftiger, je höher ihr numerischer Wert ist. Bis zur genauen Erfassung des Metermaßes ist es noch ein weiter Weg. Jede Lösung enthält Spuren persönlicher Fähigkeiten und oft auch Zuordnungen, die eine vielversprechende Vertiefung in der Regel- und Bedeutungswelt der Zahlen und des Maßes aufzeigen. Doch der Kurs, den jedes Kind einschlägt, scheint auf den ersten Blick unvorhersehbar. Geradlinigkeit und Kohärenz (Zusammenhang) sind nicht immer die Folge von Handlungen und Gedanken. Sie schaffen, verlieren, unterlaufen oder verwerfen gleichzeitig Schemata, Abstraktionen, Strategien. Arbeitet man mit Kindern, sollte man immer auf Überraschungen gefasst sein. Sie haben sich in Zahlen »gesuhlt«, so dass wir – nach einer Prophezeihung, wie es denn weitergehe, befragt – sagen würden, das Auftauchen des genormten Metermaßes steht unmittelbar bevor.

Francesco sulla fila dei numeri, intervallati sempre da 4 righette, disegna una bicicletta come a sottolineare la loro direzione ascendente; Pier Luigi scrive le cifre rafforzandole con accenti che ne segnano le rispettive quantità di valore numerico. La percezione esatta del metro è ancora lontana. E tuttavia in ogni prodotto ci sono tracce personali di abilità e spesso di attribuzioni che mostrano un promettente inoltro nelle regole e nei significati del mondo numerico e della misura. Ma le rotte dei bambini sono almeno apparentemente, imprevedibili. Non seguono sempre linearità e coerenze: né di azioni, né di pensieri.
Costruiscono, perdono, deviano o sotterrano temporaneamente schemi, astrazioni, strategie. Lavorando con loro occorre sempre stare al gioco della sorpresa. Qui hanno fatto una gran scorpacciata di numeri... quindi se noi dovessimo scommettere sul proseguimento diremmo che è incombente l'apparizione del metro.

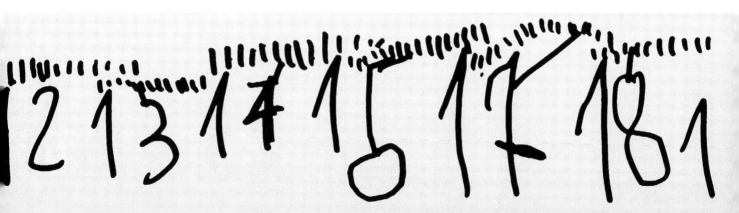

Folglich mag es seltsam erscheinen, dass sie den Tisch jetzt wieder mit einem Gegenstand messen. Doch Tommasos Idee ist wirklich bahnbrechend und sensationell: *»Wisst ihr, was wir machen? Wir messen den Tisch mit meinem Schuh!«* Vielleicht sind es Spaß und Übermut, vielleicht ist es aber auch der Wunsch oder das Bedürfnis, mit konkreten Gegenständen und Situationen umzugehen, ohne dass zu abstrakte Gedankenprozesse dazwischen geschaltet sind.

Die Kinder legen einen langen Papierstreifen auf den Tisch und messen ihn mit dem Schuh aus. Erinnern sie sich vielleicht, was sie vorher mit dem Papierstreifen gemacht haben? Sehen sie vielleicht schon im Voraus, wie das Papier beschrieben werden muss? Tommaso ist die treibende Kraft bei dieser Operation.

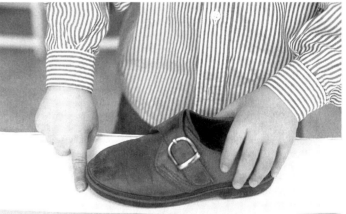

Die Länge des Tisches beträgt **sechseinhalb Schuhe**. Bezweifelt das jemand?

*Così apparirà strano questo ritorno a misurare il
tavolo con un oggetto.
Ma la proposta di Tommaso è davvero dirompente
e spettacolare:* »Sapete cosa facciamo? Misuriamo
il tavolo con la mia scarpa!«. *Forse è l'allegria,
la trasgressione che hanno la meglio, forse è il
desiderio o il bisogno di maneggiare oggetti
e situazioni concrete, di ritornare ad un
protagonismo diretto, non mediato da processi
di pensiero troppo astratti.*

*I bambini distendono una lunga striscia di carta
sul piano del tavolo e la percorrono con la scarpa.
Hanno forse memoria dell'utilizzo precedente?
Prevedono già delle scritture che dovrà contenere?
È Tommaso che guida l'operazione.*

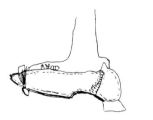

*La lunghezza del tavolo è pari a **sei scarpe e
mezzo**. C'è qualcuno che dubita?*

Tommaso merkt, dass seine Freunde ein bisschen
verblüfft, fast ungläubig sind angesichts dieses
Ergebnisses, also lässt er den Schuh wieder über die
ganze Länge des Tisches zurückmarschieren, was die
Umkehrbarkeit seiner Messung bestätigt:
sechseinhalb Schuhe.

Marco bestärkt die Einheit des gefundenen Maßes,
indem er versucht, eine Entsprechung zwischen
seinen Händen und der Länge des Schuhs herzustellen
und schlägt vor: »*Er ist immer gleich lang, der Schuh!
Wir müssen es dem Tischler sagen, wir müssen ihm
dieses Maß sagen!*«

Jetzt wird mit dem Stift der Umriss des Schuhs auf
ein Papier gezeichnet, und alles ist noch klarer. Die
Grafik hat in diesem Moment eine »vergrößernde«
Funktion. Sie klärt und untermauert den Gedanken
der Kinder, macht die Messung mitteilbar.

Sie fahren fort, Vergleiche anzustellen, sie probieren
es wieder und wieder: die Größe des Schuhs, der
Umrisse, des Raumes zwischen den beiden Händen.
Marco sagt: »*Das Einfachste ist jetzt, dem Tischler
den Schuh zu bringen!*« Und Tommaso meint: »*Aber
was mache ich dann? Dann habe ich ja keinen Schuh
mehr!*« Mit dem gleichen System misst Tommaso die
»Kürze«, die sich auf **drei Schuhe** beläuft. Jetzt ist
das ganze Rechteck des Tisches ausgemessen:
sechseinhalb Schuhe mal drei Schuhe.

Tommasos scheint seine Vorreiterrolle weiterhin
beizubehalten. Die gewachsene Spannung aller
Kinder und die Verbreitung einer befreienden
Glückseligkeit ist jetzt unübersehbar – endlich sind
sie an ein Ziel gelangt.

*Tommaso si accorge che gli amici sono un po'
stupiti, quasi increduli di fronte al risultato, quindi
ripercorre all'indietro con la scarpa la lunghezza
del tavolo confermando la reversibilità della
misurazione:* **sei scarpe e mezzo**.
*Marco rafforza l'unità di misura trovata cercando
una corrispondenza tra le sue mani e la lunghezza
della scarpa moltiplicabile sul piano del tavolo e
propone:* »È sempre uguale, la scarpa è sempre
uguale! Bisogna dirlo al falegname, dobbiamo
scrivere questa misura!«.

*Ecco le impronte con il pennarello, tutto è più
chiaro. La grafica in questo momento ha un ruolo
»maggiorante« per fare avanzare e rafforzare il
pensiero del bambino e la comunicabilità della
misurazione.*

*Continuano a fare confronti, riprove, controprove:
la misura della scarpa, delle impronte, dello
spazio lasciato tra le mani.
Marco:* »Adesso la cosa più facile è dare la scarpa
al falegname!«, *Tommaso:* »Ma come faccio io?
dopo non ce l'ho più!!!«. *Con lo stesso sistema
Tommaso misura la »cortezza« che è di* **3 scarpe**.
Adesso il rettangolo del tavolo è tutto misurato:
6 scarpe e mezzo per 3 scarpe.
*Il protagonismo di Tommaso pare promettere altre
sorprese. Ciò che è visibile è l'accresciuta tensione
di tutti i bambini accompagnata da un'effusione di
felicità liberatoria per essere arrivati finalmente
ad un approdo.*

Auf Anregung der Erzieherin stellen die Kinder eine Grafik her, die das letzte Erlebnis auf den Punkt bringt: zwei Rechtecke, die Tischplatten – zwei, weil es die Kinder so wollen – mit den Maßen der Länge und der »Kürze«. Zweck der Grafik ist, den Kindern ein Bild ihrer Arbeit zu geben, die dank des Schuhs zum ersten Mal eine vollständige Messung ermöglicht hat. Ein wichtiges Zwischenziel, wichtig vor allem, weil es nutzbar und mitteilbar ist. Die klärende Anregung der Erzieherin ist gewissermaßen eine Leihgabe, weil sie auf der Grundlage einer Rückgabegarantie in Form von Erkenntniserweiterung der Kinder ausgehändigt wurde. Anderenfalls könnte sie für die Kinder ein Übermaß an Vermittlung von Erwachsenenwissen darstellen, das nicht in Einklang mit der Suche und den Abläufen, die die Kinder sich erarbeitet haben, steht.

Die Kinder freuen sich noch über die gelungene Grafik, als Tommaso der Unternehmung einen neuen Anstoß gibt:

LA LUNGHEZZA E' 6 SCARPE E MEZZO

LA CORTEZZA E' 3 SCARPE

»Und wenn wir uns jetzt ein Metermaß suchen würden?« Ein Metermaß!? Erst zögern sie, einige wollen mit dem Schuh weitermachen, doch es dauert nur einen Augenblick. Die Vorstellung, sich in ein neues Abenteuer zu stürzen, stellt für Kinder immer eine große Verführung dar.

Ciò che le insegnanti suggeriscono è di compilare insieme un grafico che riassume l'ultimo avvenimento: due rettangoli, i piani del tavolo – due perché così li vogliono i bambini – con le misure di lunghezza e di »cortezza«. Il grafico ha la finalità di sottolineare ai bambini un'immagine conclusa della loro ultima fatica che grazie alla scarpa, e per la prima volta, ha costruito una misurazione compiuta. Un punto d'arrivo importante, importante soprattutto perché utilizzabile e comunicabile.

Il suggerimento delle insegnanti è un prestito di chiarezza ai bambini; prestito che deve essere fatto sulla base di una garanzia di ritorno con l'avanzamento della conoscenza del bambino, altrimenti potrebbe costituire una eccedenza di trasmissione di un sapere adulto, non in sintonia con la ricerca e le procedure che stanno elaborando i bambini. Sono ancora in corso i festeggiamenti per il grafico quando Tommaso dà un'altra spallata all'impresa: »E se adesso provassimo a cercare un metro!«. *Il metro!? C'è qualche esitazione in giro, qualcuno dice di andare avanti con la scarpa. Ma è solo un attimo. L'idea di infilarsi in un'altra avventura è sempre per i bambini una grande seduzione.*

»*Lasst es uns suchen!*« Tommaso ist der schnellste, er erinnert sich an das Regal, in dem die Metermaße liegen, holt ein zusammenklappbares aus Holz, und schon ist er zurück. Wir gehen davon aus, dass alle Kinder das Metermaß wenigstens dem Namen nach kennen. Wie es funktioniert, wie man es gebraucht, das wird sich jetzt zeigen.

Die Entscheidung ist sensationell. Niemand wird je genau wissen, wie es zu ihr gekommen ist. Kindliche Unermüdlichkeit und Erfindungsgabe? Aus einer plötzlichen Veränderung des Konflikts zwischen willkürlichen Messinstrumenten, den Zahlen und den ungleichen Metermaßen aus Papier? Oder trotz allem durch die Begrenztheit des Messspiels mit dem Schuh? Durch eine sich über die Grafik erschließende Anregung? Oder aus einer logischen, deduktiven Synthese der nach und nach erarbeiteten Ergebnisse? Und welche begriffliche Festigkeit trägt Tommasos Entdeckung in sich?

Alles nur mögliche Fragen, alles nur wahrscheinliche Antworten.

Fest steht, dass das Handeln und das Forschen der Kinder neue Wendungen im Vorgehen eröffnet zu haben scheint, wie auch eine Annäherung an die Bedeutung von Maßgröße, von der Größe des Maßes und von der Rolle der Zahl innerhalb des Maßes. Alles in allem folgen sie vielleicht einer Ahnung, wenn sie sich einer konventionellen Maßeinheit wie dem Metermaß anvertrauen, einem Gegenstand, den sie vermutlich schon irgendwo in Funktion gesehen haben.

»*Andiamo a cercarlo!*«. *Tommaso è il più svelto. Ricorda lo scaffale dove sono riposti i metri, ne prende uno di legno pieghevole ed è già di ritorno. Riteniamo che tutti i bambini conoscano il metro almeno di nome. Come funziona e come usarlo, è ciò che si vedrà. La decisione è clamorosa. Nessuno saprà mai bene come essa sia uscita. Da una germinazione alimentata dai trafficamenti e tatonnements? Da una improvvisa ricomposizione di quella specie di conflitto tra gli strumenti arbitrari di misura, i numeri, i metri ineguali di carta? Dai limiti – nonostante tutto – del gioco misurante della scarpa? Da una spinta suggerita dal grafico? Da una sintesi logica e deduttiva delle risultanze operazionali via via accumulate? E quanta solidità concettuale la scoperta di Tommaso porta con sè?*

Domande solo possibili, risposte solo probabili. Il fatto è che l'agire e il cercare dei bambini sembrano avere aperto nuove svolte procedurali e un avvicinamento all'appropriazione della nozione di grandezza di misura e del ruolo del numero nella misura. E, insieme forse, l'intuizione di affidarsi ad una unità di misura convenzionale come il metro, un oggetto presumibilmente già visto funzionare in qualche luogo.

Auch wenn Tommaso seine Vorreiterrolle beibehält, arbeiten die Kinder weiterhin gemeinsam.

Tommaso misst zunächst den Abdruck und dann den Schuh, dann ruft er laut: *»20!«* Es ist die Zahl, die auf dem Metermaß bei Schuh und Abdruck übereinstimmt.

Glück spielt auch eine Rolle, denn beim Zusammenklappen des Zollstocks stößt er zufällig auf den Abschnitt der 20. Die 20 ist das genaue Maß des Schuhs und des Abdrucks. Auf dem nächsten Abdruck zeigt das Metermaß wieder 20 an. Die anderen lachen: *»Ist ja immer 20!«* Pier-Luigi meint: *»20 und 20 und 20 und 20«.* Daniela sagt, man müsse alles zusammennehmen. Darauf Tommaso: ***»Also 20 und 20 und 20 und 20 und dann gibt es noch ein Stückchen, das weniger als 20 ist.«*** Der Raum wird als eine Summe addierbarer Abschnitte gesehen: Es ist, als wären die Kinder dabei, zu begreifen, dass die Länge des Tisches im Grunde die Summe von Teilmaßen ist, die zusammengenommen ein Gesamtmaß ergeben.

Pier-Luigi rät: *»Lasst uns doch den Taschenrechner nehmen.«* Und während Marco diktiert, gibt Pier-Luigi ein: *»20 + 20 + 20 + 20 + 20 + 20 ...«* (Woher sie das Pluszeichen kennen, wissen wir nicht, doch es hat den Anschein, als würden alle mit großer Selbstverständlichkeit von ihm Gebrauch machen.)

Anche se continua il protagonismo di Tommaso in effetti l'azione dei bambini è corale.
Tommaso misura prima l'impronta poi la scarpa e a voce alta scandisce: »**20!**«. *È il numero che sul metro coincide con la loro dimensione.*

Ha anche fortuna poiché, ripiegando il metro, arriva per caso al segmento dei 20 centimetri. Il 20 è la misura esatta della scarpa e dell'impronta.
Avanza sull'impronta e il metro segna ancora 20.
I compagni ridono : »È sempre 20!«.
Pier Luigi aggiunge: »20 più 20 più 20«.
Daniela dice che bisogna mettere tutto insieme.
Tommaso riassume: »C'è **20 più 20 più 20 più 20 più 20 più 20 e poi c'è un pezzettino che è meno di 20**«. *Lo spazio viene interpretato come una somma di sottomultipli: è come se i bambini stessero per capire che la lunghezza del tavolo è sostanzialmente la somma di misure parziali che messe insieme danno una misura totale.*

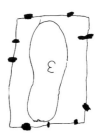

Pier Luigi consiglia: »Prendiamo la calcolatrice«, *Marco detta e Pier Luigi batte sui tasti:* »20 + 20 + 20 + 20 + 20 + 20...« *(da dove sia uscito il segno dell'addizione non lo sappiamo, ma pare utilizzato con condivisa disinvoltura).*

»...*das macht 120.*« Alan fügt hinzu: »*Es fehlt noch das kleine Stück, das Tommaso gesehen hat.*«

»...*che fa 120*«. *Alan aggiunge:* »Ci manca il pezzettino che aveva visto Tommaso«.

Tommaso: »*Genau, es fehlt noch das kleine Stück.*« Er schreibt **125** auf das Papier.
»*Gut*«, sagen die anderen.
Riccardo: »*Jetzt haben wir's. Wir können dem Tischler 125 sagen.*«

Tommaso: »Sì, manca il pezzettino« *e scrive sul foglio* **125**.
»Va bene« *dicono i compagni.*
Riccardo: »Adesso ci siamo. Possiamo dire 125 al falegname«.

Anschließend rechnen sie die »Kürze« aus: drei Schuhe, also drei mal 20 macht **60**.
Wie auch immer, der Qualitätssprung ist nicht zu widerlegen. Die Kinder sind bei ihren Bemühungen, die Länge des Tisches zu messen, von den sechseinhalb Schuhen Tommasos auf 120 und dann auf 125 Einheiten auf dem Metermaß gekommen. Von einem konkret greifbaren Vorgang sind sie zu den konventionell symbolischen Zeichen des Zollstocks mit seinen Zahlen übergegangen. Die Tischplatte demonstriert sichtbar und öffentlich den Entwicklungsprozess der Kinder.

*Poi calcolano la »cortezza« di tre scarpe: tre volte 20 e il tutto fa **60**.*
Comunque sia, pare inoppugnabile la qualità del salto. I bambini sono passati, nella ricerca della lunghezza del tavolo, dalle 6 scarpe e mezzo di Tommaso al 120 e poi al 125 tratti dalla lettura metrica. Un passaggio da un'operazione manuale e concreta ad un operazione tutta affidata ai segni convenzionali e simbolici del metro e dei suoi numeri. E il piano del tavolo – come un dazebao *– dichiara visivamente e pubblicamente il processo seguito dai bambini.*

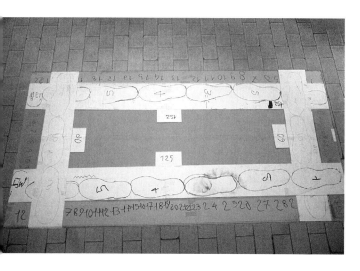

Das Metermaß, das schließlich von ihnen als Messgegenstand angenommen wurde, ist den Kindern vielleicht kaum mehr als ein Anzeiger von Zahlen, wenngleich diese auch mit einer Werteskala übereinstimmen, die imstande ist, den Abstand zwischen zwei Punkten zu messen und einer außenstehenden Person vollkommen verständliche Informationen zu liefern. Plötzlich kommt es zu einem außergewöhnlichen Ereignis. Während Marco mit Tommasos Schuh herumhantiert, entdeckt er auf der Sohle die Nummer **29** (Tommasos Schuhgröße). *»Moment mal«*, schreit er, *»hier steht 29 und nicht 20!«* Alle sind zunächst verwirrt.

Tommaso verlangt seinen Schuh zurück. Er fragt: *»Was stimmt, die 29 unter dem Schuh oder die 20 auf dem Metermaß?«* Daniela kommt ihm sofort zur Hilfe: *»Das Metermaß kann sich nicht irren.«*

Il metro finalmente adottato come campione è forse per i bambini poco più di un indicatore di numeri, pur fatti coincidere con una scala graduata di valori, capaci di misurare due punti distanti e fornire messaggi linguistici perfettamente comprensibili ad un destinatario. All'improvviso accade un evento straordinario, imprevisto. Maneggiando la scarpa di Tommaso Marco scopre sulla suola il numero **29** (29 è in effetti il numero di scarpa di Tommaso). »Un momento – grida – qui c'è scritto 29 e non 20!«. C'è un attimo di disorientamento.

Tommaso rivuole la sua scarpa. Non ha dubbi: »Chi ha ragione, il 29 sotto la scarpa o il 20 del metro?«. »Il metro non sbaglia« *gli fa eco Daniela.*

Unterdessen breitet sich eine Art Feststimmung aus, ein Theaterspiel. Alle Kinder ziehen ihre Schuhe aus und lesen ihre Schuhgrößen.

Sie stellen fest, dass sie unterschiedliche Schuhe und Nummern haben.

Si accorgono che hanno scarpe e numeri diversi.

Intanto è una specie di festa, di spettacolo. Tutti i bambini si tolgono le scarpe e leggono il loro numero.

Nach diesem Intermezzo erinnern wir die Kinder an ihr Versprechen an den Tischler und schlagen vor, ihm die Maße der Tischplatte mittels einer Zeichnung mitzuteilen. Die numerisch-mathematische Sprache in eine grafische zu übertragen ist keine leichte Aufgabe. Die Kinder kommen zu Darstellungen, die mit viel Behutsamkeit interpretiert werden müssen. Es sind in gewisser Weise geografische und historische Karten, subjektive und objektive hinsichtlich des Erlebten und Erfahrenen.

Dopo questa pausa ricordiamo ai bambini l'impegno preso con il falegname e proponiamo di raccontare attraverso un disegno, le misure del piano del tavolo. Trasferire il linguaggio numerico-matematico in linguaggio grafico è una prova difficile. I bambini ricorrono a rappresentazioni che vanno interpretate con attenzione. Sono mappe in cui coesistono storia e geografia, soggettività e oggettività delle esperienze accumulate.

Sehen wir uns Tommasos Zeichnung an.
In die obige Zeichnung legt Tommaso mit sehr viel Humor seine Erinnerung an den Streit zwischen der 20 (die mit dem Zollstock gemessene Größe des Messschuhs) und der 29, der Nummer, die sich, wie wir gesehen haben, auf der Sohle desselben Schuhs befunden hat. Die untere Darstellung ist schon viel ernsthafter, wir sehen symbolische Abdrücke des Schuhs, in denen Zahlen stehen, die besagen, wie oft der Schuh in die Länge und Breite des Tisches passt. Tommaso vergisst auch nicht, 125 an der Längsseite und 60 an der kurzen Seite hinzuzufügen.

Vediamo il disegno di Tommaso.
In alto Tommaso affida al tavolo, con molto humour, il ricordo del bisticcio tra il 20 (misura metrica della sua scarpa campione) e il 29 che è, come abbiamo visto, il numero inciso sulla suola della medesima scarpa. Poi la rappresentazione si fa seria, include un'impronta simbolica della scarpa, con scritti dentro i numeri delle volte che la scarpa sta nella lunghezza e nella larghezza del tavolo. E non si dimentica di aggiungere 125 sul lato lungo e 60 su quello corto.

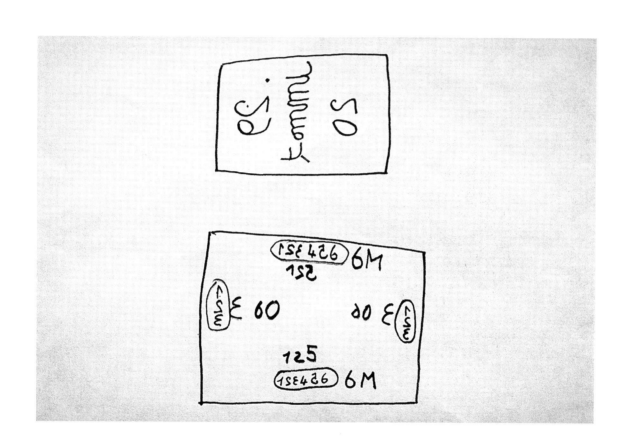

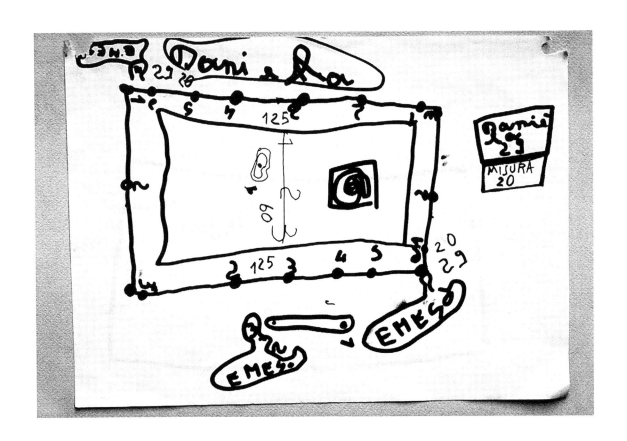

64

Danielas Zeichnung enthält gleichzeitig die Messungen mit dem Schuh und die mit dem Zollstock, in Wahrheit aber ist ihre Zeichnung eine versteckte Liebesbotschaft an Tommaso. Sie widmet ihm nicht nur ein kleines, gut sichtbares Herz in der Mitte des Tisches, neben die Tischplatte zeichnet sie einen kleinen Kasten, in den sie ihre Unterschrift setzt und darunter die 29 (Tommasos Schuhgröße), sozusagen als Adresse des Empfängers. Im unteren Teil der Zeichnung erscheint zum ersten Mal ein Tischbein, unter dem **zweieinhalb** steht (zwei Schuhe und ein halber). Aber damit nicht genug, Daniela hält noch eine zweite große Überraschung für uns bereit – mitten auf den Tisch hat sie ein Quadrat mit einem Kreis und einem schwarzen Fleck gezeichnet. Es ist ein seltsames Element, das niemand von uns entschlüsseln kann. Wir wenden uns an Daniela: *»Es ist eine Geheimzeichnung.«* »Aber hat sie etwas mit dem Tisch zu tun?« »Ja.« Mehr sagt sie jedoch nicht, es hat fast den Anschein, als hätte sie Angst, es zu erklären, oder als hätte sie Lust, uns auf die Folter zu spannen. Das, was sie später erzählt, ist verblüffend. Das Quadrat ist ein imaginäres Loch im Tisch. Wenn du jedoch hindurchguckst, siehst du das Tischbein (der Kreis) und weiter unten den runden Fuß. Es ist ein unglaublicher, axonometrischer Ausschnitt, eine Technik, die selbst für erfahrene Zeichner schwierig ist. Die Überraschungen, die die Kinder für uns bereithalten – wir wissen es schon aus Erfahrung – sind mehr als erstaunlich und brechen oft theoretische Paradigmen.

Die Arbeit der Kinder geht nun zügig voran: *»Wir haben nur die Oberfläche des Tisches gemacht. Die Dicke wissen wir noch nicht«*, bringt Daniela in Erinnerung. *»Das machen wir alles«*, sagt Pier-Luigi.

Il disegno di Daniela che riaffida contemporaneamente le misure alla conta delle scarpe e a quelle del metro è, in verità, un messaggio cifrato d'amore rivolto a Tommaso, cui dedica non solo un cuoricino collocato in bella vista al centro del tavolo ma anche una cornicetta estemporanea dove accanto alla sua firma aggiunge 29 (numero di scarpa di Tommaso) che funge da indirizzo del destinatario. Nella parte bassa del disegno appare per la prima volta una gamba del tavolo contrassegnata dalla scritta »2 e mezzo« (due scarpe e mezzo). Ma Daniela ci riserva una seconda grossa sorpresa con quel quadrato, visibile sul tavolo, che contiene un cerchio e una macchia scura.
È un oggetto estraneo, una specie di pittogramma che nessuno di noi riesce a decifrare.
Ci rivolgiamo a Daniela: »È un disegno segreto«, »Ma ha a che fare con il tavolo?«, »Sì«. Ma non dice altro, quasi avesse paura di spiegarlo o avesse voglia di farci stare sulle spine. Ciò che poi racconta è strabiliante. Il quadrato è un buco immaginario del tavolo: ma se tu ci guardi dentro vedi la gamba del tavolo (il cerchio) e più giù il tondo del piede. È un incredibile scavo assonometrico, una tecnica difficile anche per un disegnatore provetto. Le sorprese che ci regalano i bambini – lo sappiamo per esperienza – vanno al di là dello stupore e spaccano molti paradigmi teorici.
Adesso il lavoro dei bambini ha una forte accelerazione. »Abbiamo fatto solo il sopra del tavolo. Ci manca lo spessore« *ricorda Daniela.* »Lo facciamo tutto!« *dice Pier Luigi.*

»*Und die Beine?*« fährt Riccardo fort. Genau, die Beine. »*Sie sind schwer zu messen*«, bemerkt Alan, »*man muss von oben nach unten und von unten nach oben gehen.*«

Marco und Alan wollen die anderen zum Lachen bringen. Sie legen sich auf den Boden und tun so, als würden sie die Tischbeine messen, indem sie einen Fuß über den anderen setzen. Die Erfindung hat die gewünschte Wirkung.

»E le gambe?« *aggiunge Riccardo. Già le gambe.* »Sono scomode da misurare – *avverte Alan* – bisogna andare dall'alto al basso o dal basso all'alto«.

Marco e Alan hanno voglia di far ridere. Si sdraiano a terra e fingono di misurare le gambe del tavolo sovrapponendo un piede sull'altro. La trovata ottiene l'effetto sperato.

Eine neue Idee macht sich stark: Nach und nach sollen alle Teile des Tisches in Papier eingeschlagen werden. Die Kinder wollen ihre Messungen schriftlich machen, damit sie sie sehen können, damit sie nicht verwackeln, damit sie etwas Sichtbares hinterlassen.

Zur Messung der Beine muss noch einmal Tommasos Schuh herhalten.
Zwei Schuhe und ein halber.

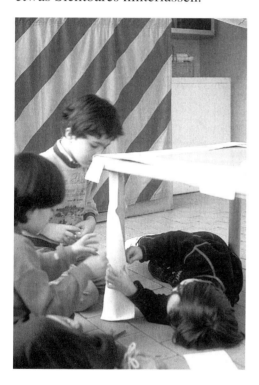

E già c'è un'altra idea che viene avanti: quella di incartare via via tutte le parti del tavolo. I bambini vogliono notare per iscritto le misure: che si vedano, che restino ben ferme, che lascino una traccia.

*La misura delle gambe onora ancora la scarpa di Tommaso: **due scarpe e mezzo.***

Der Zollstock ist in Danielas Händen, die auf die kleinen Maße sehr bedacht ist. Sie misst die Dicke der Tischplatte, schreibt sie auf ein Stück Pappe und klebt es an den Rand: **drei Zentimeter**. Wo Daniela die Be-zeichnung »Zentimeter« aufgeschnappt hat, ist nicht nachvollziehbar. Tatsache ist, dass der Begriff sofort von den anderen Kindern übernommen wird, sie können ihn auf dem Zollstock genau bestimmen. Die Kinder messen nun wieder die Beine. Die Messung mit Tommasos Schuh war nicht schlecht, aber mit dem Zollstock geht es viel besser. Sie schreiben *»50 Zentimeter«*, alles muss seine Ordnung haben.

Jetzt drehen sie den Tisch um, und alles wird viel einfacher sein. Es geht um die Länge und die Breite.

Il metro è nelle mani di Daniela attentissima alle piccole dimensioni: misura lo spessore, scrive su un cartoncino che incolla: **3 centimetri**. *Dove Daniela abbia raccolto la denominazione di centimetri non è stato possibile appurarlo. Fatto è che il termine viene subito assimilato dai compagni con una individuazione esatta della sua misura sul metro.*
I bambini tornano a misurare le gambe: sta bene la misura con la scarpa di Tommaso, ma molto meglio quella con il metro. Scrivono **50 centimetri**, *tutto deve essere regolare.*

Ora capovolgono il tavolo e tutto sarà più facile. È la volta della lunghezza e della larghezza.

Daniela sagt: »*Wir müssen auch das Runde* (den Durchmesser) *des Beins messen, sonst macht uns der Tischler noch dicke Beine.*«

Bislang haben die Kinder nur die linearen Teile des Tisches gemessen. Jetzt kommt Daniela über die Frage nach dem Umfang des Beins die Notwendigkeit eines anderen Metermaßes in den Sinn. Ein für diese Messung geeignetes Metermaß. Welches? Daniela entscheidet sich für ein Maßband: »*Es sieht aus wie eine Schlange*«, kommentiert Riccardo. Daniela legt das Band um das Bein: »*Es sind **16 Zentimeter***«, sagt sie und fügt hinzu: »*Die anderen Beine sind genauso.*«

Es kommen **128 und 63** Zentimeter heraus.

*Risultano **128 e 63 centimetri**.*

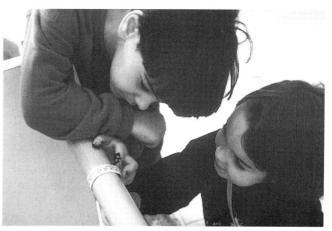

Daniela dice: »Bisogna misurare il tondo della gamba se no il falegname può fare la gamba cicciona«.
Sino ad ora i bambini hanno misurato le parti lineari del tavolo; in questo momento la circonferenza del piede suggerisce a Daniela la necessità di trovare un metro diverso, adatto a questa misurazione. Quale? Daniela sceglie un metro a nastro flessibile: »Sembra una biscia« *commenta Riccardo. Daniela recinge la gamba:* »Fa **16 centimetri** – *e precisa* – le altre gambe sono uguali«.

Jetzt wird der untere Durchmesser (der Sockel) des Tischbeins gemessen: es sind **vier Zentimeter**. Ein kleines Schild weist auf das neue Maß hin.

Und jetzt ereignet sich etwas Seltsames. Tommaso kommt dazu und hält seinen Schuh auf die Unterseite des Sockels. Er sagt: *»Es ist die Hälfte der Hälfte der Hälfte des Schuhs.«*
Eine erstaunliche Intuition, er entdeckt die Möglichkeit, die Länge seines Schuhs in kleinere, gleichmäßige Abschnitte zu unterteilen. Die Erhebung des Metermaßes – mit seinen so brauchbaren Zahlen – zur Maßeinheit scheint somit völlig gerechtfertigt.

*Adesso tocca al »sottopiede« (che è lo zoccolo della gamba): è di **4 cm**. Un cartellino segnala la nuova misura.*

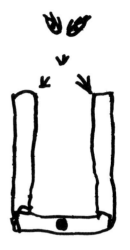

*E qui accade un fatto curioso. Tommaso si avvicina e sovrappone la scarpa allo zoccolo. Dice: »****È la metà della metà della metà della scarpa****«.*
È un'intuizione notevole che scopre la possibilità di suddividere la lunghezza della scarpa in parti più piccole, regolari, sottomultiple. L'adozione del metro come unità di misura, preziosissimo con i suoi numeri, sembra un'acquisizione compiuta.

Entgegen unserer Prognose ist mehr Zeit vonnöten. Wir stellen es am nächsten Tag fest. Die Kinder machen den Vorschlag, mittels einer Zeichnung alles noch einmal zu überprüfen. Sie haben schon Rechenpapier bereitgelegt (eine zielgerichtete Wahl). Allem Anschein zum Trotz gehen wir davon aus, dass die Kinder nunmehr selbstverständlich die Mitteilung an den Tischler mit den Zeichen und Zahlen des Metermaßes abfassen. Dennoch verstehen wir nur zu gut, dass es sich hier um einen nicht leichten Übergang handelt: Sie müssen von einem linguistisch konzeptuellen zu einem sehr viel subtileren und dünneren Muster übergehen. Die Zeichnungen können dies bezeugen, aber sie weisen auch einige neue Elemente auf. Die Zeichnung von Marco vermeidet jede numerische Bezugnahme und zeigt wieder den Tisch mit den Schuhabdrücken. Neu ist, dass er den Tisch von oben betrachtet, darstellt – mit den vier ausgestreckten Beinen.

Invece il nostro pronostico ha bisogno di altri tempi. Ce ne accorgiamo il giorno dopo quando i bambini, avendo già scelto la carta quadrettata (una scelta di indubbio interesse) propongono un'altra prova con il disegno. Supponiamo che i bambini, al di là di ogni apparenza, abbiano già il convincimento che il messaggio, che il falegname aspetta, è fatto di segni e di numeri tratti dal metro. E tuttavia capiamo perfettamente che si tratta di un guado non facile: si tratta di passare da un paradigma linguistico e concettuale ad un altro molto più sottile e rarefatto. I disegni ne sono testimonianza, ma testimoniano cose nuove. Quello di Marco elude ogni riferimento numerico e rimette in scena il tavolo con le impronte della scarpa. La cosa nuova da apprezzare è la rappresentazione del tavolo visto dall'alto con le quattro gambe che sporgono.

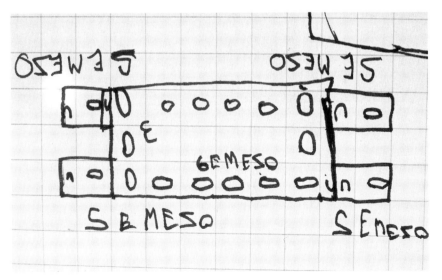

Tommaso: »*Wir nehmen besser das Rechenpapier, in dem man herumlaufen kann; in dem weißen kann man nicht herumlaufen.*«
Daniela: »*Die Kästchen brauchen wir für die Schritte.*«
Riccardo: »*Ich verstehe überhaupt nichts mehr ... ich soll Sachen machen, die mir viel zu schwer sind.*«

Tommaso: »Prendiamo il foglio a quadretti che ci puoi camminare dentro; in quello bianco non ci puoi andare«.
Daniela: »I quadretti li usiamo per i passi«.
Riccardo: »Io non ci sto capendo niente... mi fate fare delle cose difficili«.

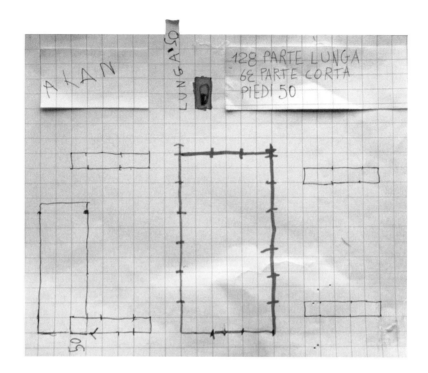

Alans Zeichnung ist die ausgefeilteste. Alan arbeitet am Rechteck der Tischplatte. Er teilt – der Messung mit dem Schuh Tommasos entsprechend – die Länge in sechs und die Breite in drei Teile. An der Seite sind die vier Beine des Tisches, die zwei Schuhe und einen halben lang sind. Aufregend an seiner Zeichnung ist die beschreibende Maßeinheit – bestehend aus zwei Kästchen. Die Länge wird somit, ausgehend von zwei Kästchen, **zwölf Kästchen** lang, und die Breite **sechs**. Alan ordnet den Tischbeinen, die zweieinhalb Schuhe lang sind, **fünf Kästchen** zu. Das Gesetz der stufenweisen Proportionalität ist streng befolgt. Das ist ein Beispiel für eine außergewöhnliche, logisch-kombinatorische Flexibilität.

*Decisamente più elaborato il disegno di Alan. Alan lavora sul rettangolo del tavolo. Divide in 6 parti la lunghezza e in 3 la larghezza secondo la partizione stabilita dall'ormai famosa scarpa di Tommaso. A latere ci sono le quattro gambe del tavolo che misurano due scarpe e mezzo. Ma la cosa inattesa ed eccitante è la scelta di un'unità descrittiva composta da due quadretti. Così la lunghezza diventa, a base due, di **12 quadretti e la larghezza di 6**. Alan assegna alle gambe del tavolo, di due impronte e mezzo, **5 quadretti**. La regola proporzionale, in scala, è rigorosamente rispettata. Una prova eccezionale di perizia e flessibilità logico-combinatoria.*

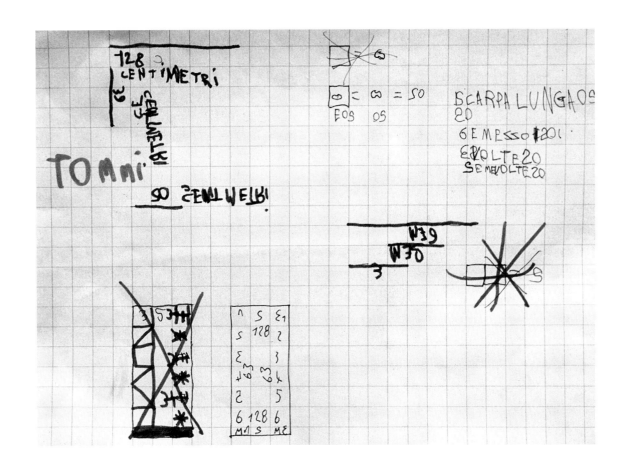

Tommasos Zeichnung geht andere Wege. Er zeichnet nicht den Tisch, sondern zerlegt ihn in seine Dimensionen: Länge, Breite, Höhe. Die Angaben gehen auf die alte Methode zurück, für jeden Schuh ein Kästchen. Doch er vergisst auch nicht die Messungen mit dem Zollstock, 128, 63, 50, denen er das Wort »Zentimeter« anfügt. Das, was uns an seiner Zeichnung am meisten beeindruckt hat, sind seine Art Gleichungen oben auf der Seite. Tommaso setzt ein umrandetes Kästchen gefolgt von einem Gleichzeichen »=« mit dem Abdruck des Schuhs in eine Reihe. In der Reihe darunter kommt nach dem Schuhabdruck ein zweites Gleichzeichen »=« **und eine 20** (cm). Die Gleichwertigkeit der Symbole und die eindeutige, bildlich-semantische Formalisierung bringen uns zu der Hypothese (die niemanden verärgern möge), dass – über das keimende mathematisch-formale Denken hinaus – induktives und deduktives Denken, wie es sich bei Tommaso zeigt, auch bei den anderen Kinder wahrnehmbar sein müsste.

Con Tommaso il disegno prende un'altra strada. Non disegna il tavolo ma lo scompone nei suoi schemi: lunghezza, larghezza, altezza. Le indicazioni ricorrono al vecchio metodo, ogni scarpa un quadretto. Ma non dimentica le misure metriche 128, 63, 50 accompagnate dalla scritta centimetri. Ciò che ci lascia ammirati è quella specie di equazione formulata a margine laddove il bambino mette in fila il ricarico di un quadretto seguito dal segno = ad un'impronta della scarpa, seguita da un altro segno = a 20 centimetri. Un'equivalenza di simboli con una formalizzazione iconica e semantica di singolare efficacia che trascina con sé (senza far scandalo) l'ipotesi di qualcosa di più di un germinale pensiero operatorio e formale, induttivo e deduttivo che, se appare evidente in Tommaso, ci pare già avvertibile in alcune condotte dei compagni.

Die Kinder diskutieren angeregt miteinander. Wir stören sie nicht und halten uns abseits. Wenn sie sich direkt an die Erzieherin wenden, machen sie Alan zu ihrem Sprecher. Alan stellt eine Frage, in der ebenso viel Verstand wie Entschiedenheit liegt: *»Was meinst du, kann der Tischler die Messungen mit dem Schuh oder die mit den Zahlen des Metermaßes besser verstehen?«* Und die Erzieherin antwortet: »Ich verstehe, das ist eine schwere Entscheidung ... aber ihr müsst das selbst entscheiden ... redet noch einmal darüber.« Daraufhin sagt Alan sofort seine Meinung: *»Dem Tischler müssen wir Zahlen liefern.«* Daniela kommt ihm zur Hilfe: *»Wenn wir ihm den Schuh geben, sagt er: Was soll ich denn mit dem Schuh anfangen?«* Und Tommaso fügt hinzu: *»Und was soll ich dann machen? Ich laufe nur mit einem Schuh herum?«* Riccardo bringt es auf den Punkt: ***»Hört mal alle zu! Wir müssen uns entscheiden, entweder der Schuh oder das Metermaß!«***

I bambini discutono tra loro con molta intensità. Non li disturbiamo e restiamo a distanza. Quando si rivolgono direttamente all'insegnante dicono che Alan è il loro portavoce. Alan pone un quesito mettendogli dentro molti significati apprensivi e decisivi: »Secondo te il falegname capisce di più con le scarpe o con i numeri del metro?« *e l'insegnante risponde:* »Capisco che sia una decisione difficile... ma siete voi che dovete decidere... provate a discuterne«. *Allora Alan dice subito il suo parere:* »Al falegname dobbiamo dare i numeri«. *Daniela gli dà man forte:* »Se gli diamo la scarpa lui dice: che ci faccio con la scarpa?«. *Tommaso ribatte:* »Ma io dopo cosa faccio? Cammino con una scarpa sola?«. *Riccardo conclude:* **»Sentite, dobbiamo decidere. O la scarpa o il metro!«.**

Die Wahl ist nunmehr unumgänglich, es muss eine Entscheidung getroffen werden. Die Erzieherin schlägt vor, dass die Kinder wählen, indem sie die Hand heben. Alle applaudieren.
»Wer ist für das Metermaß?«
Niemand hebt die Hand.

»Wer ist für den Schuh?«
Alle heben die Hand.

Die Widersprüchlichkeit des Resultats ist offensichtlich. Die Kinder merken es sofort, zunächst sind sie ernst, brechen aber dann in Gelächter aus und wollen die Wahl wiederholen.

La scelta pare ormai inevitabile, occorre prendere una decisione. L'insegnante propone che si vada ai voti per alzata di mano. Tutti applaudono.
»Chi vota per il metro?«.
Nessuno alza la mano.

»Chi vota per la scarpa?«.
Tutti alzano la mano.

L'incoerenza del risultato è evidente: i bambini se ne accorgono subito, prima si fanno seri, poi scoppiano in una risata e chiedono di votare di nuovo.

Kinder sind, wie man weiß, nicht sehr erfahren, was Wahlen und Handheben angeht.

Die Erzieherin wiederholt: »Wer ist für den Schuh?« Tommaso und Daniela heben die Hand.

»Wer ist für das Metermaß?« Alan, Marco, Pier-Luigi und Riccardo heben die Hand.

I bambini, come si sa, sono abbastanza inesperti di voto e di alzate di mano.

L'insegnante ripete: »Chi vota per la scarpa?«. Alzano la mano Tommaso e Daniela.

»Chi vota per il metro?«. Alzano la mano Alan, Marco, Pier Luigi e Riccardo.

Das Metermaß gewinnt, und die Gewinner jubeln. Daniela und Tommaso wissen genau, dass sie sich selbst widersprochen haben. Vielleicht haben sie nur gespielt, abgelenkt, um zusammen zu sein. Wie auch immer, wir denken, alle Kinder sind einverstanden. Scheinbar haben sie begriffen, dass nun der Moment gekommen ist, alle Klammern zu lösen – nicht nur die gefühlsmäßigen. Auch von ihrem Schuh, von dem sie so viel gelernt haben und dem sie viele Abenteuer verdanken, müssen sie sich verabschieden. Sie sind dankbar, aber jetzt ist das Metermaß mit seinen Zahlen an der Reihe.

Vince il metro e i vincitori tripudiano. Daniela e Tommaso sanno di essere in contraddizione con sé stessi. Forse hanno solo giocato, distratti, a stare insieme. Ci pare che siano tutti d'accordo. L'impressione è che i bambini abbiano capito che è giunto il momento di rinunciare al loro attaccamento, non solo affettivo, alla scarpa cui va il merito di molte avventure e apprendimenti. C'è gratitudine, ma adesso tocca al metro e ai suoi numeri.

In einem klärenden Gespräch haben Kinder und Erzieher noch einmal die Möglichkeit, die letzten Ereignisse zu beleuchten. Die Kinder wollen ihre Zeichnungen wieder ansehen, denn sie wissen, dass sie hier den Anknüpfungspunkt für ihr weiteres Vorgehen finden werden.

Nachdem sie übereingekommen sind, dem Tischler eine Zeichnung des Tisches mit allen vom Metermaß erhaltenen Maßen zu übergeben, sind sich die Kinder in zwei weiteren Punkten völlig einig.

1. Alle Maße müssen, wie Marco empfiehlt, auf ein Papier geschrieben werden: *»Um nicht noch mehr Verwirrung zu stiften.«*

Un altro incontro ricognitivo permette ai bambini e alle insegnanti di ricapitolare gli ultimi avvenimenti. L'interesse dei bambini è di rivedere e rileggere gli ultimi disegni nei quali sanno di trovare il senso del loro lavoro.

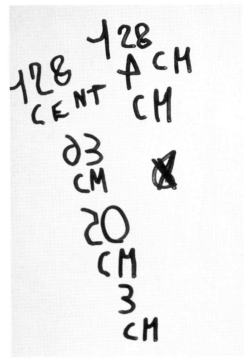

Su due punti i bambini trovano pieno accordo, dopo aver confermato che al falegname consegneranno un disegno del tavolo con tutte le misure ottenute col metro. Primo: che bisogna scrivere su un foglio, come suggerisce Marco, tutte le misure: »Per non fare più confusione«.

2. Jeder von ihnen soll eine neue Zeichnung anfertigen.

Anschließend wollen sie gemeinsam »die schönsten Sachen« für die endgültige Zeichnung, die für den Tischler bestimmt ist, auswählen.

Secondo: che ognuno di loro faccia ancora un disegno.

Poi, insieme, sceglieranno »le cose più belle« per fare l'ultimo disegno da dare al falegname.

Die Abschlusszeichnung ist eine Collage aus Beiträgen von Tommaso, Riccardo und Daniela. Die Kinder haben es so entschieden, wenn auch alle ihre Unterschrift unter die Zeichnung setzen. Wir haben in gewisser Weise eine verschlüsselte Botschaft vor uns liegen, sie ist kurz gefasst – wie es sich für mathematische Sprachen gehört – und kennzeichnet den Endpunkt einer langen und vergnüglichen Kette von Ideen, Versuchen, Verhandlungen, Verbesserungen und Entscheidungen.

Alle Maße, die der Tischler braucht, sind vorhanden: Länge, Breite, Höhe und Dicke des Tisches, Beinlänge und -umfang, der Durchmesser des Sockels.

Der Tisch wird aus verschiedenen Perspektiven gezeigt: von oben, von vorne und von der Seite. Kleine Pfeile ordnen die Maße zu. Es gibt sogar vier kleine Vierecke, die dem Tischler zeigen sollen, wo er die Beine einsetzen muss. Etwas abseits findet sich auch der alte Tisch mit Tommasos Schuhabdruck wieder.

Eine Freiheit nehmen sich die Kinder dennoch heraus: Sie wollen, und das war vorher nicht geplant, eine Schublade. Ein Tisch, »der etwas auf sich hält«, muss schließlich eine haben.

Il disegno finale è un assemblaggio che si avvale dei contributi di Tommaso, Riccardo e Daniela. Così hanno scelto i bambini anche se tutti porranno in fondo la loro firma. Ci troviamo di fronte ad una specie di cifrario che sta in poco spazio – come conviene ai linguaggi matematici – che è il punto di arrivo di un lungo e divertente percorso di idee, prove, negoziazioni, aggiustamenti, selezioni.

All'appello non manca nessuna delle misure che occorrono al falegname: lunghezza, larghezza, altezza e spessore del tavolo; lunghezza e circonferenza delle gambe; diametro dello zoccolo.

Il tavolo è scomposto in versioni diverse: visto dall'alto, di fronte, di fianco. Ci sono freccine per indicare misure. Persino i quattro piccoli riquadri per gli incastri delle gambe. E anche se in disparte, il vecchio tavolo, con le impronte della scarpa di Tommaso.

Una sola licenza dei bambini: l'aggiunta, non prevista, di un cassettino, perché un tavolo che si rispetti il cassettino ce l'ha.

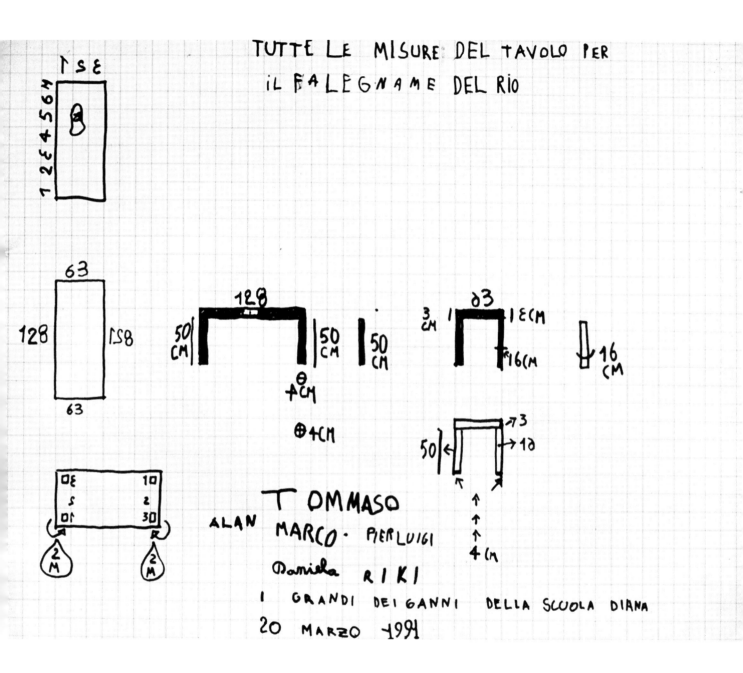

TUTTE LE MISURE DEL TAVOLO PER
IL FALEGNAME DEL RIO

TOMMASO
ALAN MARCO · PIERLUIGI
Daniela RIKI
I GRANDI DEI GANNI DELLA SCUOLA DIANA
20 MARZO 1991

Alles ist für die Ankunft des Tischlers vorbereitet. Und falls jemand daran zweifeln sollte, auch die Erklärungen der Kinder.

Um ihn gar nicht mehr aus dem Staunen herauskommen zu lassen, haben die Kinder eine kleine Anthologie gezeichneter Tische vorbereitet, auf die sie sehr stolz sind.

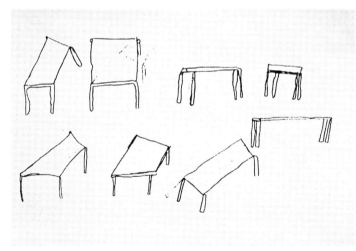

Quando arriva il falegname tutto è pronto. Comprese, semmai avesse dubbi, le spiegazioni dei bambini.

Per stupirlo del tutto c'è una piccola antologia di disegni del tavolo di cui i bambini vanno molto fieri.

Sie schreiben ihrem Freund, dem Tischler, auch einen Brief, damit er seine Arbeit gut macht.

All'amico falegname i bambini scrivono anche una lettera di raccomandazione per lavorare bene.

HALLO LIEBER HERR DEL RIO
GEHT'S DIR   GUT?

    WAS MACHST DU   IN DIESEN TAGEN?
    GERADE
WIR WARTEN SCHON SEHR LANGE DARAUF, DASS DU
ENDLICH ZEIT HAST UND UNSEREN TISCH MACHST.
WIR KÖNNEN DIR NICHT ZEIGEN, WIE WIR DEN GANZEN
TISCH GEMESSEN HABEN   ES WÜRDE ZU LANGE
DAUERN   WIR HABEN EINE ZEICHNUNG FÜR DICH
VORBEREITET MIT ALLEN MAßEN DES TISCHES MIT DER
SCHUBLADE DIE WIR WOLLEN: GANZ GENAUSO OHNE
DEN KLEINSTEN FEHLER:
WIR MÖCHTEN EINEN TISCH AUS EICHENHOLZ MIT EINER
GELBEN OBERFLÄCHE

   ACHTE GENAU AUF DIE MAßE   DANN WIRD
   DER TISCH   PERFEKT.

PAss GUT AUF DENN WENN DU ZU HASTIG ARBEITEST
KANNST DU DICH AUCH VERTUN.
ARBEITE IN RUHE HAUPTSACHE DASS DU IHN UNS MACHST
DENK DARAN deine BRILLE AUFZUSETZEN DANN GEHT
ES BESSER.
  TSCHÜSS VIEL SPAß VIELE GRÜßE ARBEITE GUT
WENN DU ETWAS NICHT
   VERSTEHST
    RUF IM DIANA AN
          NUMMER 437308

BIS BALD*********$$$$$$$$ TOMMASO
                         DANIELA
                          MARCO
                         RICCARDO
                         ALAN
                         PIER LUIGI
                         MARIA IMELDE

CIAO   CARO   DEL   RIO
STAI   BENE?

    COSA   STAI   IN QUESTI GIORNI?
    FACENDO
NOI E' TANTO   TEMPO   CHE ASPETTIAMO CHE TU
SEI LIBERO DI   FARE IL NOSTRO TAVOLO.
NOI NON POSSIAMO FARTI VEDERE COME ABBIAMO MISURATO
TUTTO IL TAVOLO   CI METTIAMO
  TROPPO TEMPO TI ABIAMO PREPARATO UN DISEGNO CON
TUTTE LE MISUREDEL TAVOLO CON IL CASSETTO CHE
VOLGLIAMO NOI.   PROPRIO UGUALE NEANCHECON 1
SBAGLIO   PICCOLISSIMO
A NOI CI PIACEREBBE UN TAVOLO DI LEGNO DI
QUERCIA E IL SOPRA GIALLO

   LEGI BENE LE MISURE COSI '   IL TAVOLO
   SARA ' PERFETO.

STAI ATTENTO PERCHE'   SE LAVORI IN FRETTA
TI   PUI ANCHE   SBBAGLIARE
FAI .CON CALMA   BASTA CHE CE LO   PREPARI
RICORDATI DI   METTERTI gli OCCHIALI COSI'
VIENE MEGLIO.
  CIAO DIVERTITI TANTI SALUTI LAVORA BENE
  SE NON CAPISCI
    DELLE COSE
     TELEFONA AL DIANA
          NUMERO 437308

*A PRESTO*********$$$$$$$*   TOMMASO*
DANIELA
MARCO
RICCARDO
ALAN
PIER LUIGI
MARIA IMELDE

Überraschend, wie zu
Weihnachten, findet der Tischler
den Brief beim gemeinsamen
Mittagessen unter seinem Teller.

Per sorpresa, come a Natale,
durante il pranzo a scuola,
troverà la lettera sotto al piatto.

Die Geschichte nimmt ihren Lauf. Und der Tisch, der alte Tisch, verbunden und verpflastert, als wäre er gerade aus der Notaufnahme des Krankenhauses gekommen, bleibt da, immer bereit, von dem Aufruhr, den Freuden und den Abenteuern eines Schuhs, eines Metermaßes und der sechs neugierigen Kinder zu erzählen.

La storia va avanti. E il tavolo, il vecchio tavolo, bendato e incerottato come se fosse uscito dal Pronto Soccorso dell'ospedale, resta lì disposto a raccontare le inquietudini, le allegrie e le avventure di una scarpa, di un metro e di sei bambini curiosi.

Das Abenteuer Erkenntnis

An dieser Stelle möchten wir über unsere Methodik hinsichtlich der Beobachtung und der Dokumentation nachdenken. Wir nennen diese Methode, die wir wie ein Untersuchungsinstrument benutzen, die *Sonde*.

»Die Sonde ist sowohl die Gelegenheit als auch ein Instrument, die Beobachtung einer Beobachtung durchzuführen, vor allem aber, um mehr Kenntnis über das Erkennen zu erlangen, das nach wie vor einer der wichtigsten Faktoren im Bereich individueller Lernprozesse und zwischenmenschlicher Beziehungen ist.« (1)

Die *Sonde* – eine im Projekt »Schuh und Meter« angewandte Methode – beschreibt dennoch nur eine Etappe der Geschichte der Krippen und Kindergärten von Reggio Emilia. Sie ist Teil eines langen Weges. Die verschiedenen didaktischen Strategien haben sich immer wieder verändert, dank einer aufmerksamen und aktiven *Annahme* seitens der Kinder, der Familien, der Erzieher und besonders jener Außenwelt, die neue *Wissenslandschaften* erforscht und erschaffen hat. Bei der Anwendung dieser Methode müssen einige Dinge beachten werden:

- Vor allem sollte im Lernen der Kinder die unerlässliche Prämisse jedweden Erziehungsprozesses gesehen werden, denn die Kinder erarbeiten vielfältige Interpretationstheorien und Hyothesen für die Wirklichkeit, die sie umgibt.
– Theorien, die oft keinen Ausdruck finden, da sie nicht wahrgenommen werden. Es ist wichtig, sich bewusst zu werden, wie wenig wir noch immer über ihre autonomen Lernstrategien wissen.
- Wir müssen den Kindern mit Respekt, Neugier und Solidarität begegnen, sie in diesem Geiste beobachten und das Erfahrene dokumentieren. Wir müssen uns viele Fragen stellen, Zweifel nicht fürchten, und uns nicht zu voreiligen Verallgemeinerungen der gesammelten Informationen hinreißen lassen. Wir müssen ein Gefühl für Relativität besitzen und Vergleiche ebenso wie unterschiedliche Gesichtspunkte suchen.
- Wir müssen uns bewusst sein, dass die Dokumentation (2) aller Beobachtungen ein kostbares Material darstellt, das imstande ist, sich zu verselbständigen. Das Material gibt uns die Möglichkeit, uns mit anderen Ansichten auseinander zu setzen, indem wir das Geschehene (das, was wir als das Geschehene erfasst und interpretiert haben) erzählen und begründen. Und nicht nur das: Das dokumentierte Material erlaubt uns mit der Zeit, die Geschehnisse immer wieder neu zu lesen, neue Hypothesen aufzustellen, neue Bedeutungen zu finden und jene freudige Erregung zu verspüren, die einen erfasst, wenn eine plötzliche Erleuchtung Licht auf das Geschehene wirft und neue theoretische Definitionen und Arbeitsorientierungen entstehen.

Die Wahl der Werkzeuge und die Art der Beobachtung ergeben sich aus der uns allen bewussten Wichtigkeit der Projektdokumentation.
- Schließlich sollten wir einen Teil der *forma mentis* ablegen, die uns jene pädagogische Ausbildungskultur mitgegeben hat, den Glauben nämlich, genau zu wissen, was Kinder zu wissen haben, das Denken, es sei demokratisch, dass alle Kinder ihr Wissen auf dieselbe Weise erlangen, die Überzeugung, dass ein Erzieher umso besser ist, je früher er weiß, was er zu tun

hat und wie er es zu tun hat.

Es gehört zur Methodologie der *Sonde*, dass nur mit einem Teil der Gruppe gearbeitet wird, und dass einer der Gruppenerzieher/ Gruppenerzieherinnen und der »Atelieristen« (3) das Projekt betreut. Gleichzeitig beobachtet und koordiniert der/die zweite Gruppenerzieher/in (4) die unterschiedlichen Aktivitäten der restlichen Kinder. Einer der wichtigsten Gesichtspunkte dieser Projektstrukturierung ist die zeitliche Kontinuität: Jeden Morgen wird gemeinsam mit den Kindern der Faden vom Vortag wieder aufgenommen. Grundlagen sind die Dokumente und die zuvor gelegten Fährten. Die Arbeit geht weiter, niemand weiß genau, wo man an diesem Tag ankommen wird. Am Ende eines jeden Tages hören wir uns die Aufzeichnungen der Gespräche an, schreiben sie auf und lesen sie mehrmals gemeinsam, womit wir versuchen, das Geschehene zu begreifen und zu interpretieren.

Wir setzen uns damit auseinander, diskutieren, machen Vorhersagen und stellen Hypothesen auf. So schnell wie möglich sehen wir uns das fotografische Material an, das andere Hypothesen ermöglicht und neue Anhaltspunkte liefert.

Der Rhythmus kindlichen Erkundens ist unstet. Zeitweise scheint die Untersuchung kontinuierlich voranzugehen, in anderen Momenten kommt es zu unverständlichen Abweichungen.

Der Forschungsablauf führt bei den Kindern ebenso wie bei den Erziehern zur Herausbildung sensibler und aufnahmefähiger Antennen, da sich eine *kognitive Spannung* aufbaut. Oft herrscht Aufregung, mitunter Desorientierung, immer jedoch Interesse. Zwischen dem Erzieher und dem »Atelieristen« kommt es oft unmittelbar zu einem Meinungsaustausch, sie teilen sich ihre Beobachtungen mit. In bestimmten Momenten – wenn die Arbeit der Kinder ins Stocken zu geraten scheint – kommt es zu raschen Beratungen. Sie entscheiden darüber, ob bzw. wie sie eingreifen sollen, oder ob es abzuwarten gilt, denn in den meisten Fällen wird das augenblickliche Problem von den Kindern autonom gemeistert. Sie fragen sich, ob sie sich zurückhalten oder eingreifen wollen. Und wenn eingreifen, dann mit welcher Anregung? Wie werden die Kinder wieder auf den fortgeschrittensten Stand ihrer Forschung zurückgeführt, ohne Zwänge seitens der Erwachsenen, ohne die Gewissheiten einer einzigen Interpretation? Dies alles sind Elemente, die nebeneinander existieren und den ganzen Arbeitsprozess begleiten. Man sollte sie als produktive Faktoren annehmen, sollte bei den Entscheidungen Fehler riskieren.

Wie erleben die Kinder unsere Rolle? Alles in allem lässt sich sagen, dass sie Vertrauen haben, dass sie sich frei fühlen, Dinge auszuprobieren, Fehler zu machen, zu diskutieren. Sie benutzen uns in manchen Phasen als Quelle, verlangen von uns beispielsweise, zu »Anwälten« zu werden, um das Geschehene zusammenzufassen, oder um die jüngsten Hypothesen, die die Gruppe aufgeworfen hat, auf den Punkt zu bringen.

Sie spüren, dass wir – wenngleich in einer anderen Rolle als sie – gemeinsam mit ihnen forschen. Vor allem spüren sie unsere Achtung, Solidarität und Freundschaft.

Die Sonde stellt für den Erzieher hinsichtlich der Argumentation und Interpretation einen

Übungsraum des Erkennens dar, in dem er sich der Verantwortung bewusst ist, die er mit der Rolle des *Erzählers* während und am Ende des Prozesses einnimmt.

Während sich die Forschungen der Kinder weiterentwickeln, muss der Erzieher ständig die Erwartungshaltungen, die Hypothesen, die Vorhersagen abändern, all dies im Bewusstsein, dass Interpretation wichtig ist, wichtiger jedoch das Verstehen.

Das Arbeiten mit *Sonden*, wie wir sie hier dargestellt haben, hat uns zu einer wichtigen Erkenntnis geführt: Die Kreativität und das Außergewöhnliche lassen sich eher in den Vorgängen als in den Ergebnissen finden. Beides findet sich im Denken und im täglichen Schaffen der Kinder, sobald es einen Rahmen findet, der ihnen nicht vorgefasste Methoden und Werte aufzwingt, sondern stattdessen die autonomen Prozesse studiert und aufnimmt. Diese Erfahrungen haben bei uns großes Vertrauen in die selbst organisierten Strategien der Kinder entstehen lassen.

Die Arbeit mit *Sonden* hat uns mehr entdecken lassen und neugieriger gemacht als alle Denkschemata und die unterschiedlichsten Erkenntnisstrategien. Wir meinen, dass die Sonden einen großen Einfluss auf die Forschungsphase genommen haben, die wir im Augenblick voranzubringen trachten: die Dokumentation individueller Erkenntnisprozesse und die neuen, sich daraus ergebenden Arbeitsstrategien.

Ein eigenständiges Kapitel wäre der fotografischen Dokumentation zu widmen, die auch in diesem Buch ein grundlegendes Erzählmittel ist. In den Krippen und Kindergärten gibt es viele Erzieher, die fotografieren, doch Fotos von Bedeutung entstehen nur wenige. Technik und gute Ausrüstung reichen nicht aus, tiefe *Einfühlung* und ein ganz besonderes Gehör sind erforderlich. Von zweierlei Kindheitsbildern, die stark in unsere Sicht und unseren Geist eingedrungen sind, müssen wir uns unbedingt verabschieden: Zum einen von dem, das uns über die Medienkultur mittels äußerster Vereinfachung und in Monologform angeboten wird. Zum anderen von jenem, das die offizielle Pädagogik und Didaktik liefert, das die Kinder mit Sorgfalt zu farblosen *Geschöpfen* reduziert, und das die Ästhetik, gemessen am Erkennen und am Begreifen, allenfalls als Eigenschaft zweiten Ranges wertet.

Der Fotoapparat muss die Kinder mit neugierigem Auge und Geist zu sehen verstehen, er muss dem Kind innerhalb seines Aktionsfeldes begegnen können. Er muss die unerwähnten Nuancierungen erfassen können (es gibt viele), indem er sich zum Ziel setzt, den Kindern ihre vielfältigen Identitäten zurückzugeben.

Natürlich ist dies mit technischen Schwierigkeiten verbunden. Die Kinder ändern sehr schnell ihre Haltungen, ihren Ausdruck, sind in Bewegung. Sie stellen sich mit dem Rücken vor das Objektiv und verdecken das Guckloch, sie drängen sich zu einem Haufen zusammen, bilden ein menschliches Knäuel um irgendetwas, von dem man nie weiß, ob es wichtig ist oder nicht, und all dies unter Lichtbedingungen am Rande des Möglichen.

Trotz dieser Schwierigkeiten zeugt das umfangreiche und kostbare Fotomaterial aus verschiedenen Dokumentationen, das über die Jahre in den Krippen und Kindergärten gesammelt wurde, von einer gewachsenen Fähigkeit zu sensibler Intelligenz und Einfühlungsgabe seitens der Erzieher und »Atelieristen«.

Ein letzter Aspekt, der hier Erwähnung finden soll: Es ist wichtig, Dokumentationen wie die vorliegende auch Personen zu vermitteln, die nicht ständig und unmittelbar mit Kindern arbeiten, also pädagogischen Beratern, Psychologen, Forschern und Eltern, Personenkreisen, die für die Entwicklung des gesamten erzieherischen Entwurfs von außerordentlicher Bedeutung sind. Wir glauben, dass wir mit unserem Material allen die Vitalität des Lernens und Erkennens vermitteln können, die – allzu häufig in wissenschaftliche Abhandlungen gezwängt – die Lebendigkeit und Spannung des unmittelbaren Erforschens verloren haben.

Darüber hinaus sind wir, auch wenn dieser Aspekt noch gründlicher zu untersuchen ist, von der Wichtigkeit des Rekapitulierens aller Wege und Vorgänge eines Projekts für Kinder überzeugt. Die Erzählstruktur unseres Buches – wie ein Story-Board, ein Drehbuch oder ein Fotoroman – stellt einen Versuch dar, die lebendige Verknüpfung der Ereignisse, von denen die Abenteuer des Lernens nie getrennt gesehen werden dürfen, nachhaltiger zu unterstreichen.

Sonden wie diese haben uns bewusst gemacht, wie fruchtbar und wertvoll dieser Bereich für das menschliche Wissen sein kann. Wir erfahren viel über uns selbst, wenn wir das Keimen und die Entwicklungen in den Krippen und Kindergärten beobachten und dokumentieren.

Wir glauben, dass ein wirklich innovatives schulisches Ausbildungsprogramm, das die verschiedenen Arten des Lernens und Erkennens einbezieht, kaum zu entwickeln ist, wenn die Forschung im Bereich der frühesten Kindheit nicht kontinuierlich betrieben und gefördert wird.

Der kulturelle Wandel von heute, der eine digitale Intelligenz hervorbringt und andere Denk- und Beziehungsstrukturen schafft, deren Entwicklungen wir nur erahnen und in geringem Maße vorhersehen können, macht das Wissen von den Lernprozessen der Kinder von heute noch dringender und notwendiger. Nur durch dieses Wissen können wir aktuelle und zukünftige Unterschiede wahrnehmen.

Das zukünftige Leben wird stark von der Gegenwart geprägt. In unserem schwierigen Beruf als Erzieher können wir nicht umhin, zumindest parziell die Verantwortung dafür zu tragen.

Marina Castagnetti, Marina Mori, Laura Rubizzi, Paula Strozzi (Erzieherinnen der Scuola Diana)
Vea Vecchi (Atelier Diana)

1   Der in Anführungszeichen gesetzte Text ist von Loris Malaguzzi, er ist unveröffentlichten Aufzeichnungen über die Sonden vom April 1988 entnommen worden.

2   Dokumentation: Was wir unter diesem Begriff verstehen, wird im Eingangstext von Sergio Spaggiari genau erklärt.

3   Atelierist/in: Bezeichnung, die mit der Zeit jenen Erzieherinnen zugewiesen wurde, die eine künstlerische Ausbildung haben (Kunstakademie oder musisches Gymnasium). Seit 1968 sind sie in allen Kindertagesstätten Reggio Emilias vertreten. Die Rolle der Atelieristin ist schwer zu erklären, es gibt dafür keine traditionelle Entsprechung. Sie ist weder Spezialistin für einen bestimmten Bereich, noch arbeitet sie ausschließlich im Atelier. Sie ist eine Art Feldforscherin, bringt ihre eigenen, kulturellen Kompetenzen in die Arbeitsgruppen ein und trägt dazu bei, die Kindertagesstätte in ein Laboratorium zu verwandeln, einen Ort, an dem geforscht, experimentiert und gelernt wird.

4   Jede Gruppe, bestehend aus 25 gleichaltrigen Kindern, wird von zwei gleichgestellten Erzieherinnen geleitet, die beide zwischen 8.30 Uhr und 14 Uhr anwesend sind. Vorher und nachher ist nur eine Erzieherin anwesend.

L'avventura del conoscere

Questo testo vuole essere una riflessione su una metodologia di osservazione e documentazione – che noi definiamo sonda *– come strumento di ricerca e di conoscenza.*

»...la sonda è una occasione, uno strumento per conseguire una osservazione della osservazione e soprattutto una conoscenza della conoscenza che resta uno dei fatti più ambiti e fecondi nel campo dei processi individuali del sapere e delle relazioni tra gli individui« [1].

La sonda *– procedura utilizzata nel progetto »Scarpa e metro« – è comunque solo una tappa del percorso dei Nidi e delle Scuole dell'Infanzia di Reggio Emilia, una lunga storia, dove le strategie didattiche sono varie e si sono modificate nel tempo, grazie a un attento e reattivo* ascolto *di bambini, famiglie, insegnanti e della cultura esterna, soprattutto di quella che ricerca e costruisce nuovi* paesaggi *del sapere.*

Per utilizzare tale metodologia sono necessarie alcune attenzioni:

- Occorre innanzi tutto porre la conoscenza dei bambini a premessa indispensabile di qualsiasi percorso educativo. I bambini infatti elaborano molteplici teorie e ipotesi interpretative della realtà che li circonda, teorie che spesso rimangono inespresse perché inascoltate; è importante essere consapevoli di quanto poco ancora conosciamo delle loro autonome strategie di apprendimento.

- Occorre avvicinarsi, osservare e documentare le bambine e i bambini con rispetto, curiosità, solidarietà; *porsi molte domande, non temere i dubbi, non lasciarsi sedurre da una generalizzazione troppo rapida dei dati raccolti, possedere un buon senso della relatività, cercare confronti e punti di vista diversi.*

- Occorre essere consapevoli che la documentazione [2] *di ciò che si osserva è un materiale prezioso capace di autogenerazione. È il materiale che ci permetterà di confrontarci con altri punti di vista, narrando e argomentando quello che è accaduto (ciò che noi abbiamo colto e interpretato di ciò che è accaduto). Non solo: è attraverso il materiale documentato che possiamo, nel tempo, rileggere più volte gli accadimenti, continuare a fare ipotesi, trovare nuovi significati e provare quella eccitazione gioiosa che coglie quando una scintilla interpretativa determina squarci illuminanti su ciò che è accaduto, alimentando nuove definizioni teoriche e orientamenti al lavoro. La consapevolezza dell'importanza che assume la documentazione nel progetto orienta gli strumenti e i modi dell'osservare.*

- Occorre infine saper abbandonare parte della forma mentis *avuta in dotazione da una cultura della formazione degli insegnanti che crede di sapere quello che è giusto che i bambini sappiano, che pensa sia democratico che i bambini conoscano tutti nel medesimo modo, che è convinta che un insegnante è tanto più bravo quando sa in anticipo cosa deve fare e in che modo farlo.*

La metodologia di ricerca sonda – *che prevede il lavoro con un gruppo di bambini – è seguita generalmente da un insegnante e dall'atelierista*[3] *, mentre, contemporaneamente, l'altro insegnante*[4] *della sezione osserva e coordina gli altri bambini divisi in gruppi di lavoro in attività diverse.*
Uno degli aspetti emergenti di questa struttura progettuale è la continuità temporale: tutte le mattine si riprende con i bambini il filo lasciato il giorno prima – utilizzando i documenti e le tracce prodotte in precedenza – e si prosegue senza sapere bene dove si arriverà quel giorno; alla fine di ogni giornata si ascoltano e trascrivono le registrazioni verbali, si leggono più di una volta cercando di capire e interpretare i fatti accaduti, ci si confronta e si discute facendo previsioni e ipotesi. Appena possibile si guarda il materiale fotografico che consente altre ipotesi e fornisce altri indizi di ricerca.

Il ritmo di esplorazione dei bambini è discontinuo: a tratti la ricerca sembra avanzare regolarmente, in altri momenti appare incomprensibile la deviazione presa.
La ricerca sviluppa, sia nei bambini che negli insegnanti, antenne sensibili e ricettive, costruendo una situazione di tensione conoscitiva; *c'è spesso eccitazione, a volte spaesamento, sempre interesse.*
Tra l'insegnante e l'atelierista avvengono spesso, in diretta, scambi di pareri su ciò che stanno osservando e in alcuni momenti – quando il lavoro dei bambini pare arenarsi – rapide consultazioni per decidere se intervenire e come farlo o se rimanere in attesa che il problema momentaneo venga superato autonomamente (cosa che accade nella maggioranza dei casi). Astenersi o intervenire, attraverso quali proposte farlo, come rilanciare ai bambini i termini più avanzati della loro ricerca senza prevaricazione adulte, bandire le certezze di una unica interpretazione, sono gli elementi che coesistono e accompagnano tutto il lavoro; occorre accettarli come fattori produttivi, rischiare nelle scelte e accettare gli errori.
I bambini come vivono questo nostro ruolo?
Sinteticamente diremo che hanno fiducia, che si sentono liberi di provare, fare errori, discutere.
Ci utilizzano, in alcuni momenti come risorsa, ad esempio chiedendoci di diventare »notai« per riassumere i fatti accaduti in altri per sintetizzare le ultime ipotesi emerse nel gruppo.
Sentono che stiamo facendo – pur se con un altro ruolo – ricerca insieme a loro; soprattutto sentono la nostra stima, solidarietà e amicizia.

La sonda è per l'insegnante una grande palestra conoscitiva, argomentativa e interpretativa, dove è cosciente della forte responsabilità che si assume con il ruolo di narratore *nel corso e al termine dell'esperienza.*
Mentre la ricerca dei bambini evolve, l'insegnante continuamente modifica le attese, le ipotesi, le previsioni, consapevole che è importante interpretare ma ancora più capire.

La realizzazione di sonde *come quella presentata ci hanno consegnato una consapevolezza importante: che la creatività e l'eccezionalità si trovano più facilmente nei processi che nei risultati; si trovano nel pensiero e nel costruire quotidiano delle bambine e dei bambini, se collocati in un contesto che non sovrappone valori e metodi precostituiti, ma studia e ascolta i processi autonomi dei bambini. Ci ha dato anche una grande fiducia nelle loro strategie autorganizzative.*

Ci ha fatto scoprire maggiormente e reso più curiosi dei tanti modi di pensare, delle tante e diverse strategie del conoscere.

Pensiamo che le sonde *abbiano contribuito fortemente alla fase di ricerca che attualmente stiamo portando avanti: la documentazione dei processi individuali di conoscenza e le nuove strategie di lavoro conseguenti.*

Un capitolo a sé andrebbe dedicato alla documentazione fotografica (anche in questo libro così fondamentale per la narrazione). Nei Nidi e nelle scuole dell'Infanzia e Materne sono molti gli insegnanti che fotografano ma non sono moltissime le fotografie significative. Non sono sufficienti tecnica e buoni strumenti, occorre porsi in una situazione d'ascolto particolare. È necessario abbandonare una doppia immagine di bambino entrata fortemente nei nostri occhi e nelle nostre menti: quella proposta dalla cultura vigente dei mass media, estremamente semplificata e monologica; e quella fornita dalla pedagogia e didattica ufficiali dove, generalmente, i bambini

appaiono diligentemente incolori *e dove il senso estetico viene forse valutato una qualità marginale rispetto al conoscere e al capire.*

La macchina fotografica deve sapere guardare i bambini con occhi e mente particolarmente curiosi di incontrare *il bambino nel suo campo di azione; coglierne le sfumature inedite (che sono tante), ponendosi come obiettivo la restituzione alle bambine e ai bambini delle loro molteplici identità.*

Ci sono poi le difficoltà tecniche implicite; i bambini sono velocissimi a modificare atteggiamenti, movimenti, espressioni; a mettersi di spalle davanti all'obbiettivo coprendo tutta la visuale, facendo mucchio, groviglio umano *attorno un qualche cosa che non si saprà mai se importante o no, in condizioni di luce spesso impossibili.*

Nonostante queste difficoltà, un ampio e prezioso materiale fotografico di documentazione raccolto negli anni nei Nidi e nelle Scuole dell'Infanzia, è testimone delle accresciute capacità di sensibile intelligenza ed empatia degli insegnanti e atelieristi.

Un ultimo aspetto a cui vogliamo accennare è l'importanza di trasmettere un materiale come quello presentato in questo libro a persone che non sempre partecipano direttamente al lavoro con i bambini: pedagogisti, psicologi, ricercatori, genitori così importanti per l'evoluzione del progetto educativo complessivo.

Crediamo che restituisca a tutti, la vitalità della

conoscenza, troppo spesso costretta in una scrittura *parziale, poco corrispondente alla vivacità e alla eccitazione della ricerca.*

Inoltre, anche se occorre capire meglio i significati, siamo convinti dell'importanza che assume anche per i bambini il ripercorrere le strade e le procedu-re seguite nel corso di un progetto.

La struttura narrativa del libro – a story bord o fotoromanzo – che abbiamo scelto è un tentativo di sottolineare maggiormente quell'intreccio vitale dal quale le avventure della conoscenza non vanno mai separate.

Sonde come questa ci hanno reso ancora più consapevoli di quale terreno fecondo e privilegiato possono essere per la conoscenza della donna e dell'uomo osservarne e documentarne la germinazione e l'evolversi nei Nidi e nelle Scuole dell'Infanzia.

Crediamo che sia davvero difficile produrre un progetto di formazione scolastica dei ragazzi innovativo e in sintonia con i modi dell'apprendere e del conoscere se non si alimenta e sostiene la ricerca permanente sul campo della primissima infanzia.

Il cambiamento culturale in atto oggi con la nascita di una intelligenza digitale, che sta costruendo strutture diverse di pensiero e relazione – il cui sviluppo possiamo solo intuire e prevedere in minima parte – rende ancora più urgente e basilare la conoscenza dei processi di apprendimento delle bambine e dei bambini di oggi.

È solo attraverso questa conoscenza che possiamo accorgerci delle differenze e dei cambiamenti in atto e futuri.

La sintonia con il futuro è già fortemente orientata dal presente, e un mestiere difficile come il nostro non può non assumersene, almeno parzialmente, la responsabilità.

Marina Castagnetti, Marina Mori, Laura Rubizzi, Paola Strozzi (insegnanti scuola Diana), Vea Vecchi (atelier Diana)

1 Il testo tra virgolette è di Loris Malaguzzi ed è tratto da una bozza per un discorso sulle sonde dell'aprile del 1988.

2 Documentazione: cosa si intende con questo termine è chiaramente scritto nel testo iniziale di Sergio Spaggiari.

3 Atelierista: è il nome che il tempo e le abitudini hanno consegnato alle insegnanti di formazione artistica (provenienti da accademie o licei artistici) che dal 1968 sono presenti negli atelier di tutte le Scuole dell'Infanzia di Reggio Emilia.
Una figura difficile da spiegare perché esce dai canoni tradizionali. Non è una specialista di settore, non si occupa esclusivamente di atelier. Svolge il ruolo di ricercatore sul campo, porta il contributo di competenze e culture diverse all'interno di un gruppo di lavoro, contribuisce a rendere le scuole un laboratorio, un luogo di ricerca, sperimentazione e apprendimento.

4 Ogni sezione di 25 bambini divisi per età è coordinata da una coppia d'insegnanti con il medesimo ruolo giuridico, contemporaneamente presenti dalle ore 8,30 alle ore 14. Prima e dopo questo orario è presente una sola insegnante.

Ein Maß für die Freundschaft

Es war im Herbst 1991, als ich mit Professor Malaguzzi nach Paris fuhr, um an einem internationalen Kongress der IEDPE teilzunehmen, einer Europäischen Vereinigung, die unter anderem die Entwicklung und Aufwertung der kindlichen Fähigkeiten zum Ziel hat.

Thema waren die Möglichkeiten und Fähigkeiten, die Kinder in den Lern- und Erkenntnisprozessen an den Tag legen. Einige der Teilnehmer waren aufgefordert worden, ihre neuesten Forschungsergebnisse schriftlich, mit Videofilmen und Diapositiven vorzustellen. Bei dieser Gelegenheit stellte Professor Malaguzzi zum ersten Mal das vorliegende Dokument »Schuh und Meter« vor. Anwesend waren unter anderem Mira Stambak, Hermine Sinclair, Tullia Musatti vom CNR Rom und Laura Bonicha von der Universität Genua. Ich erinnere mich noch an die Aufregung und in gewissem Maße auch Anspannung Professor Malaguzzis, als er sich anschickte, seine Dia-Dokumentaion vorzuführen. Es war nicht allein das hohe Niveau der Zuhörerschaft – es handelte sich um ein Publikum international angesehener Experten mit großer fachlicher Kompetenz – es war in der Sache selbst begründet, in der pädagogischen Forschung. Es ging nicht nur um die Lernstrategien der Kinder, sondern auch um das, was traditionell als die Rolle des Erwachsenen definiert wird, als die Quantität und die Qualität des erzieherischen Eingriffs.

Die Frage war, wie und wann sollte man eingreifen und die Prozesse und Wege der Kinder unterstützen, mittels derer sie Grundkonzepte hinsichtlich ihrer Beziehung zur Welt erwerben. Man kann einem Kind ein Konzept, eine Idee so vorstellen, dass sich tatsächlich die Bedeutung seiner Erfahrung ändert. Um ein Beispiel zu nennen: Eine Gruppe von Kindern lernt, Konversation über Materie und Konstanz zu führen – wie es auch im vorliegenden Projekt sichtbar wird -, sie sieht nicht nur die Welt anders, sie baut auch eine völlig andere Welt. Auf diese Weise schafft man für das Kind eine neue Welt, besser gesagt, eine neue Art, die Welt zu interpretieren und zu leben.

Es war genau diese Form von Bewusstheit, die Professor Malaguzzi dazu bewogen hatte, die Erfahrungen von »Schuh und Meter« vorzustellen. Gleichzeitig war es die pädagogische Problematik selbst, die sich in diesem Projekt ausdrückt und seine begründete Sorge erzeugte.

In der Tat wurde am Ende des Vortrags, der von allen Anwesenden mit großer Aufmerksamkeit verfolgt worden war, eine Frage gestellt, die eine rege Diskussion auslöste. Die Frage lässt sich folgendermaßen zusammenfassen: »Wäre es nicht korrekter gewesen, den Kindern unter die Arme zu greifen und ihnen vorzuschlagen, mit dem Metermaß zu arbeiten? Als die Kinder von sich aus den Gebrauch des Metermaßes erwogen – wäre es da nicht korrekter und folglich den Kindern gegenüber respektvoller gewesen, ihre Entscheidung zu bestätigen und zu unterstützen? Wieso lässt man sie stattdessen weitermachen und offensichtlich wieder zurückfallen, um dann wieder zu der Entscheidung zurückzukehren, das Metermaß zu nutzen, indem sie es in seine Einzelteile zerlegen?«

Dieser letzte Schritt wurde als zu komplex für Kinder dieses Alters angesehen, also als ein Schritt für später... (Ein Später, über das meiner Meinung nach eher aufgrund von Programmen als von Ereignissen oder Meinungen der Kinder selbst entschieden worden wäre!) Einigen Diskussionsteilnehmern schien es vor allem unangemessen, die Kinder so lange mit einer Frage allein zu lassen, ohne erklärenden Lösungsvorschlag seitens der Erwachsenen: »Es gibt ein Metermaß, die Kinder kennen es, sie benennen es, sie können damit umgehen, selbst wenn sie die ihm eigenen Besonderheiten (Zentimeter, Dezimeter usw.) nicht kennen. Sie sind doch noch so klein.« »Sie leben in einer Epoche, in der sie nicht nur das Metermaß kennen, sondern auch viele andere Instrumente und Techniken.«

Kurz, für einige war das, was in diesem Projekt erreicht worden war, eine Zeit- und Energievergeudung. Das Ergebnis hätte ihrer Meinung nach mit weniger Mühe und möglicherweise größerer Wirkung und Befriedigung für die Kinder erzielt werden können. Viele fragten sich darüber hinaus, ob es richtig sei, so junge Kinder in derart komplexe Projekte zu verwickeln.

Eine Frage, die über den speziellen Fall hinausweist und uns mit einer Erziehungsproblematik von epochaler Natur konfrontiert, die also für die geschichtliche Epoche, die wir gerade durchleben, typisch ist. Tatsächlich kommen wir Tag für Tag – mit oft sehr kleinen Kindern – zu Einschätzungen über die uns umgebende Wirklichkeit, wir setzen Ereignisse in Beziehung, bauen Kategorien und Konzepte, entscheiden über zufällige Beziehungen auf der Basis vermeintlicher Offensichtlichkeiten, benutzen und erstellen Informationen, verwenden Instrumente und Bilder. All dies wird von

Annahmen geleitet, die nur selten explizit und allgemein getragen sind. Wir benutzen sie einfach, um sie dann irgendwann wieder zu verwerfen, sobald eine Situation, ein Rahmen uns zwingt oder auf die Idee bringt, andere zu übernehmen, um negative Folgen und unangemessene Handlungen zu vermeiden.

Oft führen wir unsere Aufgaben durch, lösen ein Problem, ohne ein tiefes Verständnis für das Wie und Warum, ohne einen umfassenderen Sinn als das Handeln selbst. Wir manipulieren immer komplexere und abstraktere Daten, Informationen, Bilder, Instrumente jeder Art, ohne uns die Zeit zu gewähren, nachzudenken, die neuen Elemente in unsere bereits vorhandenen Wissensstrukturen zu integrieren und unser Denken zu verändern.

Hier also liegt der Kern des Problems, über das auch in Paris diskutiert wurde: Wie können wir Wissen herstellen, das für den Lernenden von Bedeutung ist? Wie können wir mit Kindern und Jugendlichen Folgendes teilen: das Bewusstsein unseres Wissens und unserer geistigen Konstruktionen und das Bewusstsein der Beziehungen, die zwischen diesen Konstruktionen und der Art, die Wirklichkeit zu beobachten und zu interpretieren, bestehen?

Nach Professor Malaguzzis Einschätzung und der vieler anderer Gesprächspartner sind die wirklich strukturschaffenden Vorgänge die, die in diesem Projekt beschrieben wurden: langwierige, gemeinsame Prozesse, die imstande sind, die Pausen, das Schweigen, die Rückzüge, die Unterschiede und die Divergenzen aufzunehmen. Prozesse, die das Individuum in seiner kognitiven, emotionalen und sozialen Gesamtheit einbeziehen.

Das eigentliche Problem war und ist also nicht, wann und wie wollen wir den Kindern das Metermaß erklären oder anbieten (In welchem Alter? Auf welche Weise?), sondern vielmehr die Frage, wie wir Bedingungen herstellen können, die die Entwicklung eines gegensätzlichen und kreativen Denkens ermöglichen. Wie können wir die Fähigkeit und das Vergnügen unterstützen, sich mit den Ideen anderer auseinander zu setzen, anstatt sich auf eine einzige, vermeintlich wahre und richtige Idee zu beziehen, die Idee vom legitimierten Wissen, festgelegten Kodex und Raum?

Das ist um so wahrer und wichtiger, je kleiner das Kind ist. Es ist eine Frage der Pädagogik und Didaktik, aber auch der Ethik und der Werte. Die Einrichtung, die Gruppe wird zu einem Ort, an dem jeder mit der Notwendigkeit konfrontiert wird – vor allem sich selbst gegenüber – das Wissen, über das er verfügt, zu erklären, um es mit dem der anderen zu vergleichen, es auszuleihen und auszutauschen. Die Erzieher müssen sich innerhalb dieses Kontextes ihren Platz suchen, sie nehmen vor allem teil, weil sie die verschiedenen Arten der Kinder, die Welt zu betrachten, zu interpretieren und darzustellen, kennen lernen wollen. In diesen Arten und Welten, die jedes Kind verkörpert, werden Ursprung und Fundament des Lernpro-zesses zu finden sein, der gemeinsam von Erwachsenen und Kindern aufgebaut wird. Ein Weg also, der Wissen aufbaut, und gleichzeitig ein Weg, der Bewusstsein für die verschiedenen Arten dieser Konstruktion schafft: Austausch, Dialog, Divergenz, Verhandeln, aber auch das Vergnügen am gemeinsamen Denken und Handeln, was letztlich das Vergnügen an

Freundschaft ist. Demnach ist jenes Bewusstsein die eigentliche Neuheit im didaktischen Dialog. Jeder der Beteiligten muss sich bewusst und folglich verantwortungsvoll gegenüber dem gerade ablaufenden Prozess erweisen, er muss ihn planen und leben können und vor allem muss er sich in diesem Spiegelspiel zu vergnügen wissen und mit Lust die vielen Arten der Logik entdecken wollen, jene der Freunde, die eigene, die des Lehrers und die ... des Metermaßes.

Heute bin ich mehr denn je davon überzeugt, dass die Argumente von Professor Malaguzzi für die Unternehmungen einer Kindergruppe mit einem Schuh und einem Metermaß hochaktuell sind. »Schuh und Meter« ist eine wunderbare Möglichkeit, darüber nachzudenken.

Carla Rinaldi
Pädagogische Leiterin der städtischen Krippen und Kindergärten von Reggio Emilia

Freunde, wie es wenige gibt

Amici come pochi

Un metro per l'amicizia

Era l'autunno del 1991 quando il professor Malaguzzi ed io ci recammo a Parigi per partecipare al Convegno Internazionale organizzato dall'IEDPE, l'associazione europea che ha tra le sue finalità lo sviluppo e la valorizzazione delle potenzialità dell'infanzia. Al centro della riflessione dunque le potenzialità e le competenze espresse dai bambini nei loro processi di apprendimento e di costruzione della conoscenza.

Alcuni dei partecipanti erano stati invitati a presentare i risultati più avanzati delle loro ricerche attraverso documenti scritti, video o diapositive.

Fu in quell'occasione che il professor Malaguzzi presentò per la prima volta il documento »Scarpa e metro« raccolto ed illustrato in questo volume. Erano presenti tra gli altri Mira Stambak, Hermine Sinclair, Tullia Musatti del CNR di Roma, Laura Bonica dell'Università di Genova.

Ricordo ancora l'emozione e – in un certo senso – la tensione del professor Malaguzzi mentre si accingeva a presentare il documentario in diapositive. Non era solo la qualità dell'auditorio – un pubblico di esperti di fama internazionale e di grande competenza professionale – ma la natura stessa della ricerca pedagogica. Veniva infatti

posta attenzione non solo sulle strategie di apprendimento dei bambini, ma anche su quello che tradizionalmente viene definito il ruolo dell'adulto, cioè la quantità e qualità dell'intervento dell'insegnante.

Come e quando attuare un intervento, capace di favorire i processi ed i percorsi che i bambini compiono, per acquisire alcuni dei concetti fondamentali per i loro rapporti col mondo?

Si può presentare ad un bambino un concetto, un'idea in modo che essa cambi veramente i significati della sua esperienza. Ad esempio: un gruppo di bambini che apprende in modo significativo il concetto di conservazione della materia ed invarianza – come è visibile anche in questa esperienza – non solo vede il mondo in modo diverso, ma costruisce un mondo profondamente diverso. Si crea così per lui un mondo nuovo, o meglio un modo nuovo di interpretare e vivere il mondo.

Era dunque questo tipo di consapevolezza che aveva suggerito al professor Malaguzzi di presentare questa esperienza e nel contempo era la natura stessa della problematica pedagogica in essa espressa a generare la sua motivata preoccupazione.

Infatti al termine della presentazione – seguita da tutti i presenti con molta attenzione – una domanda emerse tra le altre e coinvolse molti nella discussione. La domanda si può così riassumere: »Non era più corretto agevolare il processo dei bambini proponendo loro di usare il metro? In particolare quando i bambini suggeriscono di usare il metro non era più corretto, quindi più rispettoso dei bambini, confermare e sostenere questa loro decisione invece di lasciarli avanzare e poi – apparentemente – retrocedere per poi ritornare alla decisione di usare il metro, scomponendolo nelle sue parti?« Quest'ultima operazione era ritenuta troppo complessa per i bambini di questa età e quindi rinviabile a poi... (un poi che in realtà, a mio parere, sarebbe stato deciso più dai programmi che dagli eventi e dai bambini stessi!).

Ma soprattutto a qualcuno pareva improprio avere lasciato i bambini a sostare così a lungo su di una questione senza alcun intervento esplicativo e risolutivo da parte dell'adulto. »Il metro esiste, i bambini lo conoscono, lo nominano, lo sanno usare... anche se non ne conoscono le peculiarità intrinseche (i centimetri, i decimetri, ecc.). Sono così piccoli!«.

»Vivono un tempo, un'epoca ove non solo conoscono il metro, ma molti altri strumenti e tecniche« commentavano.

In sostanza per alcuni quello che si era prodotto era stato uno spreco di tempo e di energie per un risultato che si sarebbe potuto ottenere con minore fatica e forse maggiore efficacia e soddisfazione da parte dei bambini. La giovane età dei protagonisti suscitava inoltre non pochi dubbi attorno all'opportunità di coinvolgerli in progetti così complessi.

Una questione che trascende dal caso specifico e ci pone davanti ad una problematica educativa di natura epocale cioè propria e tipica del periodo storico che stiamo attraversando.

Quotidianamente infatti facciamo – noi e bambini anche piccolissimi – inferenza sulla realtà che ci circonda, mettiamo in relazione eventi, costruiamo categorie e concetti, decidiamo relazioni casuali sulla base di presunte evidenze, agiamo e produciamo informazioni, utilizziamo strumenti ed immagini: tutto questo è guidato da criteri, da presupposti che solo di rado sono espliciti e condivisi. Semplicemente li usiamo per poi abbandonarli qualora una situazione, un contesto, ci obbliga o induce ad adottarne altri diversi, per evitare conseguenze negative o azioni inadeguate.

Molto spesso cioè assolviamo al compito, risolviamo il problema senza una profonda comprensione del modo e del perché, del senso più complessivo del nostro agire. Manipoliamo dati, informazioni, immagini, strumenti di ogni tipo, sempre più complessi ed astratti, senza darci il tempo per riflettere, per integrare nelle strutture di conoscenza preesistenti i nuovi elementi, cioè per cambiare il nostro modo di pensare.

Questa è dunque la natura del problema che anche in questo dibattito si affrontava: come costruire conoscenze che abbiano significato per chi apprende, come vivere con i bambini, con i ragazzi, la consapevolezza del nostro sapere, delle nostre costruzioni mentali, delle relazioni che esistono
tra queste ed i modi di osservare ed interpretare la realtà.

A parere del professor Malaguzzi e di molti degli interlocutori presenti, i processi strutturanti sono quelli descritti in questa esperienza: processi lunghi nel tempo, condivisi, capaci di accogliere le pause, i silenzi, le retrocessioni, le differenze e le divergenze; processi che coinvolgono l'individuo nella sua interezza cognitiva, emotiva e relazionale.

Il vero problema non era e non è dunque quando e come spiegare od offrire il metro ai bambini (a quale età? in quale modo?) ma è piuttosto chiedersi come creare le condizioni che consentano lo sviluppo del pensiero divergente e creativo; come sostenere la capacità ed il piacere di confrontarsi con le idee degli altri piuttosto che rapportarsi con l'unica idea presunta vera o giusta, cioè quella del sapere legittimato, dei codici e delle aree disciplinari. Questo è tanto più vero ed importante tanto più il bambino è piccolo: è questione pedagogica e didattica ma anche etica e valoriale.

La scuola, la sezione diviene il luogo dove ognuno è messo di fronte alla necessità di esplicare, prima di tutto per sé stesso, il sapere di cui dispone per confrontarlo, prestarlo, scambiarlo con gli altri. E chiede che l'insegnante si collochi all'interno del contesto, partecipe, innanzitutto perché curioso di conoscere i vari modi che i bambini hanno di guardare, interpretare e rappresentare il mondo. Sarà a partire da questi modi e mondi rappresentati da ciascun bambino che trarrà origine e si poggerà il percorso di apprendimento che insieme – adulti e bambini – costruiranno. Un percorso di costruzione di saperi ma anche di consapevolezza attorno ai modi di questa costruzione: lo scambio, il dialogo, la divergenza, la negoziazione ma anche il piacere del pensare e dell'agire insieme che è il piacere dell'amicizia. È

dunque la consapevolezza che porta i veri elementi di novità nel dialogo diadattico.

Ognuno dei partecipanti deve essere consapevole e dunque responsabile del processo in atto, deve poterlo progettare, deve poterlo vivere e deve soprattutto potersi divertire in questo gioco di specchi e provare il gusto di scoprire tante logiche: quelle degli amici, la propria, quella dell'insegnante e quella... del metro.

Ed io, oggi, sono più che mai convinta che queste argomentazioni scelte dal professor Malaguzzi per legittimare il percorso di un gruppo di bambini, di una scarpa e di un metro siano più che mai attuali e rendano questa esperienza una preziosa occasione di riflessione.

Carla Rinaldi
Dirigente pedagogica dei Nidi e delle Scuole dell'Infanzia
del Comune di Reggio Emilia

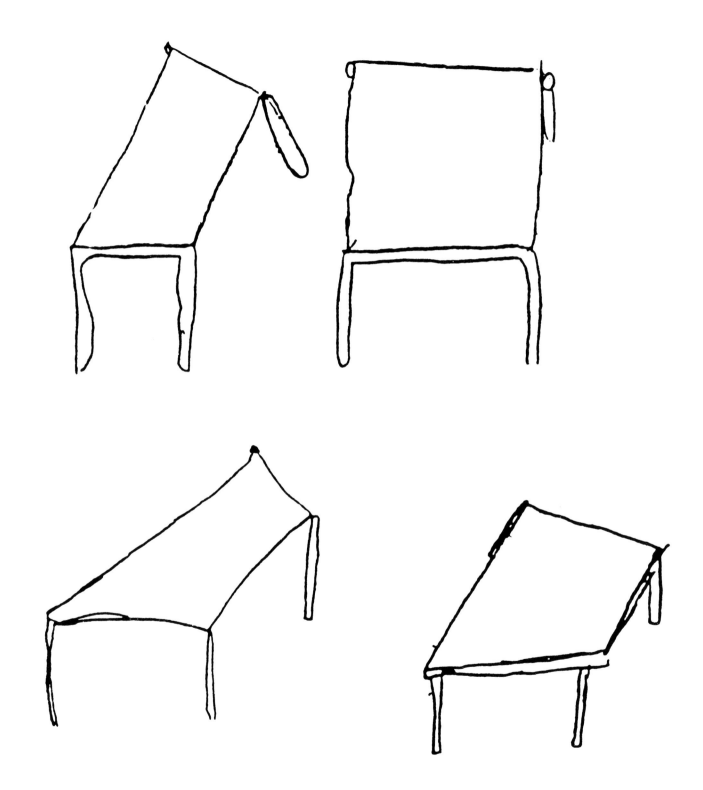

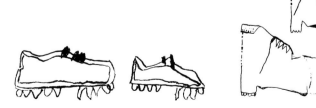

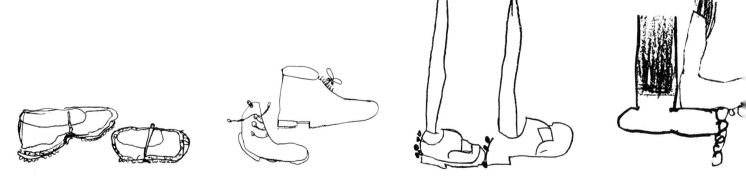